JN124899

『死海文書』物語

どのように発見され、読まれてきたか

J.J.コリンズ 著
山吉智久 訳

教文館

The Dead Sea Scrolls: A Biography
by
John J. Collins

まえがき

死海文書は、名だたる書物たちの「生涯」を紹介するこの「伝記」シリーズに加えられるには相応しくない候補に見えるかもしれない。

実際のところ、死海文書は一冊の書物ではなく、一九四七年から一九五六年にかけて、死海の北西岸に位置するクムラン近郊の洞穴から見つけ出された種々多様な文書の集成である。それらのうちの大半はヘブライ語、いくつかのものはアラム語、少数のものはギリシア語で書かれており、紀元前の二世紀から紀元後の一世紀に年代付けられる。

この集成は全くの無作為によるものではなく、すべてではないが、多くはおよそ紀元前後の、一般にエッセネ派と同定されるユダヤ教の宗派の思想を反映していると思われる。しかしながら、一貫性の程度をめぐっては議論がある。死海文書は、クムランの地に生きた共同体の図書館の残存物であると思われることが少なくない。しかし、この見解は次第に否定されつつあるように見える。より蓋然性が高いのは、これらの文書のうちのいくつかはおそらくこの地の共同体に属するものだったが、それ以外はローマに対するユダヤ人の反乱の時代（紀元後六六―七〇年）に、さまざまな宗派の共同体から運び込まれ、荒野にある洞穴に隠されたとする見解である。聖書もさまざまな由来を持つ文書が集められたものであるが、死海文書はそれとは異なり、古代において明確なまとまりを形成していたことが一度もない。二〇世紀半ばに偶然発見された後になってはじめて一つの集成、あるいは本「伝記」シリーズに相応しいテーマと考えられるようになったのである。

更に、これら死海文書の「伝記」は、まるで「時代に取り残されたもの」のようである。他の古代文献がルネサンスあるいは宗教改革に影響を与えたのに対して、死海文書はただ眠っていた。過去六〇年ほどにわたってわれわれが目撃してきたものは、「伝記」というよりもむしろ、二〇〇〇年の時の隔たりを経て、元来の環境から切り離され、蘇りを果たした「二度目の人生」である。

しかしながら、死海文書は今や、それ自体が命を持った明確な文書集成として存在している。この命にはさまざまな次元がある。死海文書は学術資料であり、広範な学者たちの世界で集中的に研究され、ユダヤ教やキリスト教の歴史家だけでなく、宗教社会学者や、更には哲学者の関心までも集めている。死海文書はまた、エルサレムでも西欧世界すべての博物館の展示でも観光の目玉である。何十万の人々が、薄暗い展示ケースの中に置かれたえり抜きの読めない断片を一目見るために列をなして辛抱強く待ち、過去に触れたと感じて帰ってゆく。二〇一一年一〇月、イスラエル博物館が五つの重要な死海文書の高解像度写真を掲載したウェブサイトを立ち上げると、このサイトは最初の一週間に一〇〇万回を超えるアクセスを記録した。サイトを訪れる人々の中で、写真からテクストを読むことができたのは、ほんの一握りの学者たちだけであろう。死海文書は、「謎」を求める一般大衆にとって格好の素材である——異国情緒が漂い、ぼんやりとしか分からない知識は、タブロイド紙や「聖書の謎」といったテレビ番組で好奇心を大いに刺激する。死海文書は、時として政治的な象徴でもある——ヨルダン川西側の地におけるユダヤ人のルーツの古さについての証言であり、あるいは逆に、その当時はヨルダンの支配下にあり、所有権が今なお争われている地域で発見された人為物を現在のイスラエルが押収していることの証言である。

死海文書は、二〇世紀最大の考古学的な発見と言われてきた。またそれらが最も多く議論の的となってきたのは間違いない。

死海文書は、一般大衆の関心を引くと共に、論争の火種でもある。それらが、およそイエス時代の古代ユダヤの一次文献だからである。死海文書の発見以前、この時代や場所についての現存するヘブライ語ないしアラム語のテクストはほぼ皆無であった。死海文書のテクストがイエスあるいは彼の信従者たちの運動について光を照らすかもしれないという期待、また時に熱望が、否が応にもあった。この点に関して、死海文書発見の数年後に始まり、二一世紀まで続いているいくつかの主張はかなりセンセーショナルなものであったし、より広範な一般大衆の注目を集めたのは、まさにそのような主張であった。

論争は、断片的な文書の多くが半世紀にわたって未公刊のままだったという事実によって煽動された。この公刊の遅滞は、陰謀論を生み出す格好の土壌となった。それは更に、公式の編集チームの幾人かがカトリックの司祭だったという事実によって増幅された——すなわち、死海文書はキリスト教の歴史的な信頼性を傷つけかねないとの恐れから、バチカンの指示によって一般大衆には発表が差し控えられたというのである。真面目な学者たちがそのような主張を真剣に行うことはない。しかしこうした主張は、死海文書が展示された博物館に集まる素人たちの疑惑や好奇心を刺激し続けている。

死海文書は、発見の直後から、キリスト教の先駆者と長らく見なされてきたエッセネ派という（ユダヤ教の）宗派に属するものであったとする意見の一致が進んだ。このことは、それに反対する者たちの怒りを異常なまでに引き起こした。その議論の過熱ぶりは、証拠の曖昧さということでは説明がつかない。同じことが、クムラン遺跡をエッセネ派の居住地であったとする解釈にも当てはまる。焦点となっているのは、死海文書と主流のユダヤ教伝統との関連性はどのようなものか、あるいは死海文書がラビたちの宗教よりもキリスト教に近い、ユダヤ教の辺境的な形態をどれほど反映しているのかという問題である。

死海文書は長い間、ユダヤ教の学者たちよりもキリスト教の学者たちにとってより大きな関心を引くものと思われていた。この印象の一端は、ヨルダン政府の主張により、ユダヤ教の学者たちが編集チームに含まれていなかったという事実に起因する。しかし一九六七年のアラブ・イスラエル戦争が終わり、大半の死海文書が収蔵されていた西エルサレムがイスラエルによって占領されると、その構図が変わり始めた。一九九〇年代にすべての死海文書が自由に利用できるようになると、ラビ文学に通じた学者たちは死海文書の中に興味を引く素材が数多くあることに気付いた。その結果、趨勢は、主としてキリスト教の学者たちが関心を抱く問題から、死海文書の独特なユダヤ教的な特徴や、死海文書と後のラビの伝統との連続性に関する事柄へと移ることになった。これらすべての問題をめぐる議論は熱を帯びて、裁判沙汰になったケースが少なくとも二つある――一つは、古代文献の編集者の権利に関わるものであり、もう一つは、この学問分野内でのある異端者の見解を推し進める形で、ある有名な学者の名誉を毀損しようとしたことに関わるものであった。これらの事例は、学問的な学者の世界には稀な、個人的な怨みの次元の話である。

死海文書の発見についての物語はこれまで幾度となく語られてきたし、それらの内容についても十分に紹介されてきた。さまざまな記録もあり、それらは自己の利益のみを求めるようなものであったり、「死海文書をめぐる戦い」、すなわち編集チームによる独占を終わらせ、能力ある学者が利用できるようにした論争についてであったりする。本書の目的はそれらとは異なる。

本書の目的は、死海文書が古代ユダヤ教や初期キリスト教の研究にどのような違いをもたらしたのかを問うことであり、しばしば熾烈をきわめた議論においては何が争点だったのかを立証することである。死海文書は果たして本当に、それらが受けてきた、また受け続けているあらゆる注目に相応しいのだろうか。あるいは、たまたまナザレのイエスと同じ時間と場所で生きていた、よく分からない特異な宗派の遺物としての好奇的な価値しかないのだろうか。それらが持ち得る不朽の価値とは何であろうか。

聖書学あるいは古代ユダヤ教の研究者たちの多くにとっては、これらの問いはしばしば不要のように見える。死海文書にはもちろん大いなる歴史的な価値がある。新しいデータが稀にしか見つからない分野において、死海文書は天からの恵みのように見られてきた。それらは、西欧世界における二つの主要な宗教について、一方（ユダヤ教）が変化を遂げた重要な時代と、他方（キリスト教）が発足した時代に光を当てる。ユダヤ教の場合、死海文書は史料が欠けていた期間についての主要な証拠を提供する。キリスト教の場合には、イエスや彼の最初期の信従者が暮らした文脈を照らし出すという間接的な光を投げかける。この光は、死海文書についての人気作家が繰り返し求めていたようなセンセーショナルで見出しになるような類のものであることはほとんどない。しかしそれは、ユダヤ教とキリスト教の本質、数世紀に及ぶ両者の波瀾の関係を理解するためには根本的に重要である。

しかし死海文書は、『コヘレトの言葉』〔一12以下、二9以下など参照〕が示唆していたような、学者たちがその研究に励むためだけに神が提供したものなのだろうか。死海文書の発見によって、すべての人の宗教観あるいは人生観が変わったとは考え難い。死海文書の重要性は、主として古代ユダヤ教と初期キリスト教を照らす光にあるが、死海文書の「伝記」は、学者たちの世界や現代メディアの精神に関する興味深い事例でもある。学者たちの世界は一般に協調的かつ相互支援的であるが、死海文書は、この学者たちの世界が人類の他のいかなる部分よりも原罪から解放されていないことを思い知らされるいくつかの顕著な例外を明らかにした。死海文書の物語はまた、人気メディアにおける学術データの利用と操作に関する興味深い事例を提供する。言論の自由は、間違いなく民主主義の栄光の一つであるが、それは時に見境なく、食いつぶす対象を探すだけの飢えた獣として機能し得るのである。

要するに、死海文書の伝記は、古代文献の歴史的な価値を超えた関心の幅に触れる。このような大きな発見は、従来の学問の世界をさまざまな点で、理念の段階と人間行動の段階の両方で揺さぶる。以下の各章では、それらの点のいくつかについて考えてみたい。

目次

『死海文書』物語——どのように発見され、読まれてきたか

装丁　森　裕昌

第一章　死海文書の発見

一九四八年四月一〇日、イェール大学報道局はある発表を行い、それは翌日の英語圏の主要な新聞に次のように掲載された。

旧約聖書の『イザヤ書』全体について、これまでに知られている中で最も初期の写本がパレスチナで発見された。これは本日、イェール大学教授で、エルサレムにあるアメリカ・オリエント研究所所長のミラー・バロウズ氏により発表された。

更に、三つの未公刊の古ヘブライ語写本が聖地の学者たちによって発見されている。それらのうちの二つは同定、翻訳されているが、三つ目のものは識別の最中である。

預言者イザヤの書は、保存状態の良い羊皮紙の巻物に記されていた。研究所の研究員ジョン・C・トレヴァー博士はそれを調べて、既知の中で最古のヘブライ語聖書の写本であると多くの学者たちが信じてきたナッシュ・パピルスの書体と類似していることを確認した。

巻物は紀元前一世紀頃に年代付けられることから、この発見は特に重要である。『イザヤ書』の他の完全なテクストは、紀元後九世紀近くにならないと存在しないことが知られている。

皮革と羊皮紙からなる二本の古代の巻物は、エルサレムにあるシリア正教会の聖マルコ修道院の図書館に何世紀にもわたって保存されてきた。それらは、修道院のアタナシウス・イェシュエ・サムエル大主教とブトロス・ソウミー修道士による研究と同定のため、アメリカ・オリエント研究所に提供された。

『イザヤ書』とは異なる第二の巻物は、『ハバクク書注解』の一部であり（『ハバクク書』は小預言書で、旧約聖書の預言書の一つ）、第三の巻物は、あまりよく知られておらず、おそらくはエッセネ派と思われる小さな宗派の規則または修道院の規律のようである。第四の写本については、まだ同定されていない。

発表は、『ハバクク書注解』の同定と共に、アメリカ・オリエント研究所の研究員ウィリアム・H・ブラウンリー博士の名で行われ、巻物は写真撮影が済んでおり、更に研究が進められる旨が注記された。

少数の学者は既にこの発見を知っており、ヘブライ語古文書学（ならびに古代オリエントに関連するその他数多くの領域）の大家ウィリアム・F・オールブライトが、「現代における最も重要な写本の発見」と宣言していたものの、この発表が事実上、死海文書の誕生を示すものであった。この発表は、ある点では不正確であり、また別の点では不完全なものだった。

第一に、これらの巻物は、聖マルコ修道院に何世紀にもわたって保存されてはおらず、一九四六年後半あるいは一九四七年初めに、エリコ南方の死海近郊の洞穴で、タアミーレ族ベドウィンの一員によって発見された。バロウズは、報道発表は彼の手を離れた後になって編集されたものであると主張した。彼が書いたのは、シリア正教会の聖マルコ修道院が巻物を取得したということだった。諸断片の本当の出所を隠すために、何者かが故意に文言を変更したかどうかは定かではない。実際には、巻物はシリア大主教によってアメリカ・オリエント研究所に持ち込まれたのであるが、報道発表の編集者は、それらが修道院で見つかったと思ったのかもしれない。発見を取り巻く陰謀の観点から、何者かが故意に文言を変えた可能性も十分に考えられる。事実、シリア大主教は、巻物は修道院で発見されたと複数回にわたって主張している。

第二に、報道発表は、発見された巻物の数について誤解を招くものだった。なぜなら、それらのすべてがアメリカ・オリエント研究所の関心を引いたわけではなかったからである。最初の発見は、ムハンマド・エド・ディーブ（「狼」）として知られるベドウィンと、少なくとも一人の仲間によって行われた。この発見には次の三つの巻物が含まれていた。

- 旧約聖書『イザヤ書』の写本
- 共同体の規則書。最初は『宗規要覧』と呼ばれ、後に『共同体の規則』またはヘブライ語名で

セレク・ハーヤハド、あるいは1QS（すなわち、クムラン第一洞穴で見つかったセレク）と呼ばれることになる

- 旧約聖書の預言者ハバククの書の注解またはペシェル。この預言者の言葉を、「終末のとき」と信じられていた注解著者の時代に起きた出来事と関連付けたもの

ムハンマドは一九四七年三月、それらをベツレヘムに持って行き、古物商たちに見せていたが、最終的にはベツレヘムにおけるシリア正教会の商人で靴直しのハリル・イスカンダル・シャヒン、通称カンドーに見せた。巻物が皮革に書かれていたからである。一九四七年四月、それらはエルサレム旧市街にある聖マルコ修道院にて、シリア正教会の大主教マル・アタナシウス・イェシュエ・サムエルの関心を引く。大主教は、エリコ近郊の洞穴で、壺に入った写本が見つかったという古代の記録を知っていた。そのような記録の一つは、アレクサンドリアのオリゲネスによるもので、彼はセウェルスの子アントニウスの時代の紀元後二〇〇年頃、「エリコにて壺に入った」巻物が見つかったことを知っていたという（エウセビオス『教会史』6.16.4）。紀元後八〇〇年頃の別の記録は、セレウキアのネストリウス派の総主教テモテ一世によるものである。こちらの場合には、あるアラブ人の猟師が自分の犬を洞穴に入れて、旧約聖書やそれ以外の文書を発見したという。大主教にはそのとき、持ち込まれた巻物が古くて貴重なものであると勘付くに足りる根拠があった。

その間、一九四七年初夏に、ベドウィンによって更に四つの巻物が発見され、彼らはそれらをシ

リア修道院に持っていったが、誤解があって追い返されてしまう。これらの巻物のうちの三つ（二つ目の『イザヤ書』の写本、また『戦いの巻物』［1QM］と、ホダヨトまたは『感謝の詩編』［1QH］として知られることになる、それまでは未知のテクスト）は、別の古物商ファイディ・サラヒに売却された（『戦いの巻物』は、光の子らと闇の子らとの間の終末論的な戦いの手引書、ホダヨトは、救出と高揚を神に感謝する独特な様式による賛美集である）。後に『外典創世記』（アラム語による『創世記』の敷衍的な再話）と同定される第四の巻物は、カンドーの手に渡った。一九四七年七月、カンドーは最初の巻物一式をシリア大主教に売却した。サラヒの所持する三つの巻物は、その年の一一月、イスラエル国の創設を承認する国連決議案が通過する直前に、ヘブライ大学の考古学教授エレアザル・スケニークの関心を引いた。スケニークは最初、有刺鉄線のフェンス越しに断片を覗き込んだ。彼は橋渡し役のアルメニア人古物商に、更にいくつかのサンプルを持って来るよう頼んだ。その間、スケニークは古物商が店を構える地域に立ち入る許可証を入手して、簡単な調査を行った後、断片が本物であると確信し、それらをヘブライ大学のために購入することにした。最初に購入されたのは、ホダヨトまたは『感謝の詩編』と『戦いの巻物』であった。彼はこうして、巻物が本物であることを最初に認証した学者となった。その直後、彼は二つ目の『イザヤ書』写本の巻物（『1Qイザヤ書b』［1QIsaiah^{b}］、1Qは、クムラン近郊の第一洞穴で見つかった巻物であることを指す）を購入することができた。

遡ること数か月、マル・サムエル大主教もヘブライ大学に連絡を取った。彼は大学から派遣された人々に対して、死海近郊の修道院の図書館に写本群が置かれていたと語ったが、彼らの心は動かされず、サマリア研究の専門家に相談するよう勧められた。一九四八年一月、カンドーの巻物は、シリア正教会の一員でマル・サムエルと提携していたアントン・キラズによってスケニークに見せられた。しかしこのとき、購入の交渉は行われなかった。このシリア人は、ユダヤ人とアラブ人との間の敵対関係が沈静化するまで待つことに決めており、巻物の価値を独自に評価しようとしたのである。

このシリア人は、一九四八年二月になってはじめてアメリカ・オリエント研究所に接近する。所長のミラー・バロウズはイラクへの旅行に出かけており、イェール大学でバロウズと共に学んだ博士号取りたてのジョン・C・トレヴァーが彼の留守を預かっていた。またもう一人の若手の招聘研究員ウィリアム・ブラウンリーもいた。トレヴァーは最初、巻物は聖マルコ修道院で見つかったと聞かされた。このときシリア人の使者ブトロス・ソウミーは、自分のブリーフケースに『イザヤ書』大写本、『宗規要覧』、『ハバクク書注解』、『外典創世記』を入れて、タクシーで戻ったが、写真を趣味としていたトレヴァーは、このシリア人を説得して巻物の写真を撮影しておいた。トレヴァーは、書体がナッシュ・パピルスのそれに似ていることに気付いたのである。ナッシュ・パピルスとは、十戒とシェマ（申六4―5、「聞け、イスラエルよ」）がヘブライ語で記された一枚のパピルスで、エジプト人の商人から入手され、一九〇三年に公刊されたもので、紀元前二世紀に年代付けられている。トレヴァーはすぐさまサンプルの写真をオールブライトに送り、『イザヤ書』写本はこれまでに発見されている中で最も古い聖書の文書ではないかとの所見を添えた。オールブライトはすぐさま『イザヤ書』写本の書体を紀元前二世紀に年代付け、トレヴァーに彼の発見への祝福を書き送った。かのシリア人はそのときになって、彼らが巻物の出所を知っている旨をトレヴァーに明かし、またスケニーク教授と何度か接触していたことも伝えた。しかし、トレヴァーは、スケニークが既にその写本を見たこと、あるいは彼が同じ場所で発見された別の写本を持っていることを知らなかった。スケニークは、一九四八年四月二六日の報道発表の中で、巻物に関する彼自身の見解を発表した。巻物の解説は、『聖書考古学者』（*Biblical Archaeologist*）の一九四八年九月号と、『アメリカ・オリエント研究所紀要』（*Bulletin of the American Schools of Oriental Research*）の一九四八年一〇月号に掲載された。スケニークはまた、彼が入手した巻物の予備調査をヘブライ語で出版した。

シリア大主教の手にあった巻物も、最終的にはイスラエル人の手に行き着くことになる。マル・サムエルは、一九四九年一月、それらをアメリカに持って行き、買い手を探し続けた。パレスチナの分断に続く分極化した状況にあって、彼はそれらをユダヤ人に売却したくなかった。更に、巻物の法的所有権は確立されておらず、ヨルダン人たちは彼を密輸業者とみなした。一九五四年六月、ウォール・ストリート・ジャーナルに「雑多売品」の表題の下、ある広告が掲載された。

「四つの死海文書」

少なくとも紀元前二〇〇年に遡る聖書の写本を売ります。これは個人ないし団体の教育機関あるいは宗教機関への贈物に最適です。
ボックス・F・二〇六、『ウォール・ストリート・ジャーナル』

これにより、四本の巻物はシドニー・エスタリッジという名の銀行家によって、二五万ドルで購入されることになった。大主教は知らなかったが、エスタリッジは、当時アメリカ合衆国で教えていたスケニークの息子、イガエル・ヤディンの代理として活動していた。スケニーク自身は前年に死亡していた。こうして最初の「死海文書」は、エルサレムで再び一つになった。エルサレムには一九六五年、これらの巻物を収めるために、イスラエル博物館の特別な建造物、「書物の聖堂」(Shrine of the Book)が建てられた。

考古学者たちの参入

一九四八年のうちに、クムラン第一洞穴からは更なる断片的な写本が発見された。その中には『ダニエル書』、『第一エノク書』(完全なものはエチオピア語でのみ知られている黙示的なテクスト)、『感謝の詩編』の断片が含まれていた。ヨルダン考古局は、一九四九年一月にアラブ軍団の兵士たちによって発見された洞穴を発掘することに決めた。一九四九年二—三月の最初の発掘は、パレスチナ考古学オリエント研究所との共同事業であった。発掘はエルサレム・フランス聖書考古学学院

（エコール・ビブリク）を拠点とするフランスのドミニコ会司祭ローラン・ドゥ・ヴォーによって指揮され、ヨルダン考古局の担当であった英国人ジェラルド・ランカスター・ハーディングによって監督された。彼らは約七〇の文書断片を同定したが、その中には、最初に発見された巻物七つのうちの二つも含まれていた。陶器の破片や麻の小片もあった。洞穴内の価値ある主な品は、既にベドウィンによって持ち出されていた。

第一洞穴として知られるこの洞穴は、キルベト・クムラン遺跡の北約一・二キロメートルの所にあり、洞穴はその北端に当たる。発見された巻物とこの遺跡との関連は、即座には分からなかった。一九五一年の終わりになってはじめてこの遺跡で測量が行われた。この測量の際に、第一洞穴で発見されたものと同じ陶器や、およその年代を確定するのに有効なコインも発見された。この時点で、ドゥ・ヴォーは遺跡の完全な発掘に着手し、これは一九五三年から一九五六年までの四回の追加調査で継続された。

しかしながら、主たる巻物の発見は、ベドウィンによって行われた。一九五一年秋、彼らは第一洞穴の南西にあるワディ・ムラバアトの洞穴で巻物を発見する。ドゥ・ヴォーとハーディングはこの洞穴の調査を行い、ギリシア語、ヘブライ語、アラム語のテクスト断片、また服、紐、籠を発見した。そこには、紀元後一三二年にローマに対するユダヤ人の最後の反乱を率いたバル・コクバとしてよりよく知られるイスラエルの王子シメオン・ベン・コシバの手紙や、結婚契約書も含まれていた。これらのテクストは、クムラン近郊で発見されたものとは関係がなく、通常は死海文書には含まれないが、ユダヤ人の歴史にとっては非常に重要である。ムラバアトからも小預言書の重要な巻物が発見されるが、その発見は一九五五年になってようやくのことであった。一九五二年夏、別の場所であるナハル・ヘベルからは、小預言書のギリシア語の巻物が見つかっている。

考古学者たちはワディ・ムラバアトにかかりきりだったが、ベドウィンはクムランに戻ると、一九五二年二月、第一洞穴から南に数百メートルの所にある洞穴で写本断片を発見した。これは第二洞穴として知られるようになる。この発見を受けて、考古学者たちはクムラン上方の断崖を組織的に調査することになった。多くの陶器やいくつかの天幕ないし避難所の跡が発見され、遺跡から北に一・六キロメートル以上の所にある一つの新しい洞穴からは文字資料が見つかった。これが第三洞穴であり、そこからは銅の巻物が発見されている。これは、二つの酸化した銅箔状の巻物にテクストが刻まれたものだった。この巻物は開くのが難しく、最終的には——一九五六年に——、マンチェスター大学において細断されて分析が行われた。しかしそれ以前でも、学者たちは外側から見える文字の逆映から、その内容を察していた。テクストには、宝物とその隠し場所のリストが含まれているようだった。

一九五二年春が過ぎると、考古学者たちは再びクムランから引き上げ、ベドウィンは現場に戻った。クムランの遺跡は泥灰土の台地上にあり、今度はこの台地にトレジャーハンターたちが注目した。一九五二年夏の終わり、彼らは遺跡から一八〇メートルに満たない台地の端で洞穴を発見する。この洞穴は第四洞穴として知られるようになり、そこには何百もの写本の断片があった。ドゥ・ヴォーとハーディングは一九五二年九月、すぐさま第四洞穴に戻って発掘を行った。断片の多くは既にベドウィンが持ち去っていたが、考古学者たちは約一〇〇の異なる写本の断片を収容する小さな地下室を発見する。ドゥ・ヴォーは、泥灰土の台地上にある五つの洞穴を更に発掘した。そのうちの一つ、第六洞穴もまたベドウィンによって発見されたものだった。少数の写本がこれらの洞穴から見つかった。巻物が見つかった最後の洞穴である第一一洞穴は、一九五六年二月にベドウィンによって発見された。これは、キルベト・クムランから北に一・六キロメートル以上もある第三洞穴の近くにあった。第一洞穴と同じく、この洞穴からは保存状態の良い巻物が発見されたが、それらのうちのいくつかはベドウィンが持ち出したものだった。考古学者たちによって「その場で」(*in situ*) 回収されたものはごく少数だった。最終的に、第一一洞穴からは三一の写本の断片が公刊されることになる。

第一一洞穴の発見によって、死海文書のほぼ全体が明らかとなった。ベドウィンは探索を続け、またその後数年間、ユダの荒野にていくつかの考古学調査が行われた。重要な発見があったのは、ナハル・セエリム(ワディ・セイヤル)とナハル・ヘベルにおいてであり、後者で見つかったもののいくつかはバル・コクバの乱に関連するものだった。一九六二年、エリコから北に一六キロメートルに満たないワディ・ダリエからは、アレクサンドロス大王の時代に年代付けられる、サマリアから発信されたパピルスが発見された。これらの発見は、しかし、本書の物語にとってはさしたる意味を持たない。関連性がより高いのは、一九六三―六五年のイガエル・ヤディンによるマサダ発掘において発見されたいくつかの写本である。それらの中には、聖書文書や、また外典〔旧約聖書続編〕の『ベン・シラ書』の断片が含まれていた。最も興味深いのは、天使の典礼についての神秘的なテクストである『安息日供犠の歌』の写本であった。その写本は、クムラン第四洞穴でも見つかっており、通常は死海文書の校訂版に含められる。

ヤディンは、他の主要な巻物の回収の任も負った。一九六〇年代の数年間、彼は内容不詳の完全な巻物を購入するため、カンドーとの交渉を試みた。一九六七年六月、イスラエルはアラブ・イスラエル戦争の過程で、全イスラエルとベツレヘム南の郊外までを掌握する。ヤディンは、イスラエル首相の個人的な軍事顧問だった。彼と少数のイスラエル諜報官たちは、ベツレヘムでカンドーを見つけ出し、「不愉快」と評された尋問を行った末に巻物を手に入れた。これは、『神殿の巻物』であることが分かった。死海文書の中でも最大で、最も保存状態の良いものの一つであった。ヤディンは最終的に、一〇万五〇〇〇ドルでカンドーとの和解に合意した。資金の大部分は、イギリスの実業家レオナルド・ウルフソンから提供された。

通常は死海文書に含められるもう一つの重要なテクストは、一九四七年の発見よりも半世紀前から知られていたものである。その二つの写しは、一八九六年、カイロにあるベン・エズラ・シナゴーグのゲニザないし物置から採集された資料の山の中から発見され、一九一〇年、ソロモン・シェヒターによって、『ツァドク的作品の断片』というタイトルで公刊された。シェヒターはモルドバ出身のラビで、ケンブリッジ大学とロンドン大学で講師を務め、一九〇二年から一九一五年にかけてニューヨークのユダヤ教神学院の第二代理事長であった。この文書は「ダマスコの地における新しい契約」について語り、その成員たちを「ツァドクの子ら」と呼んでいた。それゆえ、シェヒターはこれをツァドク的作品と称した。このテクストはその後、『ダマスコ文書』ないしCD（カイロ・ダマスコ）として知られることになる。シェヒターは、ユダヤ人の歴史を綴った年代記の中に、描かれているのとすべての点で一致する宗派の記録はないことを見て取った。しかしながら、最初の死海文書が公刊されたとき、それらといわゆる『ダマスコ文書』との間には何らかの関係があったことが即座に明らかとなった。「ツァドクの子ら」は、『共同体の規則』ないし『宗規要覧』の中でも重要な位置を占めている。宗派の初期の歴史において権威的な役割を果たした「義の教師」と呼ばれる人物は、『ダマスコ文書』と『ハバクク書注解』の両方に現れる。彼の敵の一人である「偽りの者」もそうである。『ダマスコ文書』と死海文書の関係は、クムラン第四洞穴から『ダマスコ文書』の断片が発見されたことによって確証された。しかしそれは、第四洞穴が発見される前からはっきりしていた。この文書が中世においてどのようにカイロへと至ったのかは不明である。セレウキアのティモテオスによる記録にあるように、おそらくそれは紀元後の八〇〇年頃にエリコ近郊の洞穴で発見されたテクストの一つであった。

公刊作業

死海文書が、第一洞穴で見つかった写本と『ダマスコ文書』だけであったならば、それらの物語はすぐに語り終えられたであろう。『イザヤ書』大写本と『ハバクク書注解』のファクシミリ版は、一九五〇年にアメリカ・オリエント研究所から刊行され、翌年には『宗規要覧』が続いた。スケニークは、入手したテクストの抜粋を既に一九四八年に出版し、一九五三年の死去のときには、完全な翻字を準備していた。これは彼の死後、図版と共に出版された。フランス人学者アンドレ・デュポン＝ソメールは、既に一九五〇年に、死海文書について本一冊分の長さの研究論文を出版している。一九五〇年代半ばには、主として一九五〇年までに利用可能となっていたテクストに基づく詳細な分析が出始めた。それらのテクストは、保存状態が良く、読みやすく、すぐに公刊されたものだった。しかしながら、第四洞穴から回収された断片の山は、事情が全く異なった。そこには、崩壊が進んだ状態の、膨大な量の断片があった。早い段階から編集作業に携わっていたフランク・ムーア・クロスの言葉によれば、「多くの断片は壊れやすい、ないし砕けやすいので、ラクダの毛ブラシで触れることさえほとんどできない。ほとんどが反り、しわくちゃになったり、収縮したり、土壌の化学物質で粉砕されたり、水分や年期によって黒ずんだりしている。それらの洗浄、平坦化、同定、および接合という問題は恐るべきものである[1]」。

一九五三年から五四年にかけて、ドゥ・ヴォー指揮の下、学者たちの国際チームが巻物の編集作業のために集められた。二人のカトリック司祭——ドミニコ会士のドミニク・バルテルミーとポーランド人学者ヨゼフ・T・ミリク——は、第一洞穴とムラバアトからの資料作業のため、既にドゥ・ヴォーによってリストに加えられていた。バルテルミーは、既にエコール・ビブリクで作業に携わっていた。ミリクは、ローマの教皇庁立聖書学研究所で学んだことがあり、死海文書に関する彼の古い論文がドゥ・ヴォーの目に留まったのである。チームはその数を増す。もう一人のフランス人司祭ジャン・スターキーは、第二次世界大戦中に連合軍の司牧を務め、ナバテアとパルミラ研究の専門家であった。この時、プロテスタントの学者も幾人か採用された。イギリスからはジョン・アレグロとジョン・ストラグネルの両名がやって来た。アレグロは、大戦中にイギリス海軍に勤め、その後はまずマンチェスター大学で、その後にオックスフォード大学で学んだ。彼はオックスフォード大学の教授G・R・ドライバーによって死海文書チームに指名された。ストラグネルも、ドライバーが指名した。彼は一九五四年にエルサレムへと旅立ったとき、弱冠二四歳だった。アレグロとストラグネルの両名は、それぞれ別の理由から、後の章において一際目を引く存在となる。唯一のドイツ代表であったクラウス・フンノ・フンツィンガーは、碑文学や古文書学には長けておらず、最終的にはチームから退くことになる。W・F・オールブライトの優秀な弟子であるフランク・ムーア・クロスは、最初のアメリカ人のメンバーだった。彼は、ハーバード大学において、ヘブライ語や他のオリエント言語の教授として著名な経歴を積むことになる（一九五八—九二年）。一九五八年に初版が刊行された彼の著書『古代クムラン図書館と現代聖書学』（*The Ancient Library of Qumran and Modern Biblical Studies*）は、今なお死海文書について最も影響力のある書物の一つである。もう一人のカトリック司祭パトリック・W・スキーハンは、アメリカ・カトリック大学から、一九五四年にチームに加わった。スキーハンは多作な書き手ではなかったが、オールブライトからの敬意を受け、オールブライトはジョンズ・ホプキンス大学を去る際、自分の代わりに彼を招いている。一九五八年には、もう一人のフランス人司祭モーリス・バイエが加わった。彼は、一九五二―五四年にはエコールの学生で、死海文書をよく知っていた。死海文書はヨルダン領域で発見されたため、それらを法的に管理していたヨルダン政府の主張により、ユダヤ人の学者はチームに含まれなかった。

チームのメンバーたちは、ロックフェラー財団からの資金援助を得て、エルサレムで多くの時間を死海文書の作業に費やすことができた。この資金が失効する一九六〇年までにチームのメンバーの幾人かは、その力を十分に発揮できる教職を獲得していた（クロスはハーバード大学で、ストラグネルはデューク大学で）。このときまでに、断片を組み立てて同定する作業は大部分が完了しており、その結果は、公式の編集チームの一員ではなかった学者たち――レイモンド・ブラウン、ジョゼフ・フィッツマイヤー、ウィル・オックストビー、ハビエル・テシドール――の援助を得てコンコルダンスに記録され、まとめられた。ブラウンとフィッツマイヤーは、どちらもカトリック司祭で、オールブライトと共に学び、彼らの世代のカトリックの新約聖書学者となり、フィッツマイヤーは特に死海文書学者として著名な経歴を積む。彼は最終的に、彼がコンコルダンスに取り組んだ四〇年後、編集チームに参加することになる。

断片の選別とテクストの接合が達成されたことは、過小評価されるべきものではない。クムラン周辺の洞穴から採取された資料には、約九〇〇の写本断片が識別された。公式の出版のために創設されたシリーズである『ユダ荒野での諸発見』（*Discoveries in the Judaean Desert* = *DJD*）は、最終的に四〇巻を超えるものとなり、最初に発見されたものを含むいくつかの重要な写本は、シリーズ外で出版された。多くのテクストは、一九五〇年代と一九六〇年代に個別論文の形で公刊されたが、公式の最終刊行のペースは苛立つほどに遅かった。第一洞穴の資料を含む *DJD* シリーズの最初の巻は、一九五五年に刊行された。一九六〇年代には、ジョン・アレグロの編集により、第四洞穴の資料の最初の巻を含めて、四巻が刊行された。一九七一年九月にドゥ・ヴォーが急逝し、代わってピエール・ブノアが編集長に就任する。彼は死海文書の専門家というよりもむしろ、新約聖書学者であった。ブノアが編集長の任に就いていた間には、一九七七年と一九八二年に二巻だけが刊行された。彼は一九八四年に退任し、一九八七年に八〇歳で死去した。一九八五年、ジョン・ストラグネルが編集長に就任した。一九八〇年代末には、残りの巻物の出版をめぐって激しい騒動があり、ストラグネルは最終的に一九九〇年、ハーバード大学でクロスと共に学んだヘブライ大学の著名な本文批評学の学者であるエマヌエル・トーヴに交代する。その後、出版のペースは加速し、二〇年を要さずに三三巻が刊行された。ストラグネルの交代と編集チームの再編成につながった激動は、後の章で扱う。現在では、一九四六年から一九五六年の間に予期せず発見されたこの巨大な写本集成の性質について、十分に検討することができる。

荒野の図書館？

死海文書の内容は多様だった。『エステル記』を除くすべてのヘブライ語聖書の写本があった（『ネヘミヤ記』の断片は数年後になってはじめて見つかったが、『エズラ記』と『ネヘミヤ記』は一般的に一つの文書と見なされている）。『第一エノク書』や『ヨベル書』などの以前から知られていた非正典文書の断片も発見された。いくつかのテクストは明らかに宗派的なものだった。それが最も明白なのは規則文書（いわゆる『宗規要覧』あるいは『共同体の規則』と『ダマスコ文書』）であったが、預言書を宗派の歴史と関連付けた注解であるペシャリーム、ホダヨトあるいは『感謝の詩編』、『戦争の巻物』などその他のテクストもそうであった。それ以外のテクストは、目立って宗派的ではなかった。いくつかのものは「敷衍聖書的」と言い得るものであった――それらは何らかの形で正典文書と関連していたが、独立した構成になっていた。第一洞穴で発見されたが、即座には同定されなかった、創世記の物語のアラム語による再話である『外典創世記』がその一例である。祭儀的な暦、宗教的な法に関わるテクスト、詩的で典礼的なテクスト、知恵文学的なテクスト、終末論的なテクストもあった。また『ペルシア宮廷の物語』の断片（4Q550）などの物語テクストもあった。少数の断片は、名前や出来事を挙げることで、歴史的な出来事を想起しているように見える（4Q331-3;

468e)。商取引の記録または勘定を含むのは、ほんの一握りのテクストだけのようである。悪魔祓いや呪術的なテクストも少数あり、いくつかのテクストは暗号文字で書かれていた（後に解読された）。

最初に見つかった巻物の束には宗派的な宗教共同体のための規則が含まれていたため、巻物はその共同体の所有物であり、激動の時代の中で保管のために隠されていたというのが当初の想定であった。この想定は、クムランでの発掘と、そこから目と鼻の先の所にあった第四洞穴の発見によって確証されたかのように思われた。クムラン遺跡から写本は見つからなかったものの、考古学者たちは第一洞穴にあったのと同形の陶器を発見した。その結果、洞穴から回収されたテクスト集成は、「クムラン図書館」として知られるようになる。これは、フランク・ムーア・クロスが、一九五八年の巻物についての古典的な記述の中で用いたことによって大衆化した名称である[2]。

一般的に、この集成が図書館と呼び表される際、荒野という場所にこのような巨大な図書館を持つことが何を意味するのかについて、深くは考えられていなかった。写本の作成や使用をめぐっては、いくつかの憶測があった。廃墟となった遺跡のある一つの部屋が、中世の修道院との類比から、「写字室」（*scriptorium*）であると同定されたのである。影響力あるドイツ人学者ハートムート・シュテーゲマンは、一九九〇年代の著述の中で、想定される図書館は約一〇〇〇の巻物を収容していたと見積もり、常時使用されていた図書館と、ほぼ需要のなかった図書館を区別しようとした[3]。エマヌエル・トーヴは、独特な「クムランの書写慣例」が存在したと論じた。これは聖書や聖書外の一六七のテクスト群に認められ、そこでは独特の正書法と語形が見て取れるという。[4] これらには、一般に宗派的と同定されているテクストの大半が含まれるが、例外もあった。シュテーゲマンによれば、この図書館は、共同体が経済的に存立するための主たる基盤であり、彼らの教育機会や研究の主要な場所であった。

しかしながら、死海のほとりにこの規模の図書館を想定することは異常である。図書館は、ヘレニズム時代にはやや一般的になったものの、古代においては稀であった。アッシリア王アッシュルバニパルの巨大な宮殿の図書館やアレクサンドリアの有名な図書館は例外的なものであり、クムランはアレクサンドリアには程遠かった。図書館はしばしば神殿と関連付けられたが、その規模は通常、控えめなものだった。これまでに知られているメソポタミア最大の神殿の図書館には、約八〇〇の粘土板が収蔵されていた。その対極に当たるヘレニズム時代のエジプトにおけるエドフ神殿には、わずか三五作品の所蔵があるだけだった。クムランの遺跡が『宗規要覧』ないし『共同体の規則』(1QS) に記されているような共同体を有していたならば、その場には図書館があったと考えねばならない。構成員たちは夜間に学習することになっていたからである (1QS 6:6-7)。しかしながら、この僻地にある共同体が、メソポタミア最大の神殿と同じ規模の図書館を持っていたとは信じ難い。

一九六〇年代初め、ドイツ人学者カール・ハインリヒ・レングストルフが、巻物はエルサレム神殿の図書館のものであったと主張した。[5] 彼の考えによると、エルサレムの命運を察知した祭司たちによって、紀元後六八年、図書館はエルサレムから引き払われ、荒野に隠された。彼らは、『銅の巻物』に記されているような大量の金銀や、ネヘミヤ時代からのユダヤ教の伝統と精神生活が保存された書庫を持つ図書館を密かに運び出したのである。レングストルフによれば、この行動は、ユダヤ教の未来を確実にするのが、神殿ではなく文書であることに気付くという彼らの良識を示すものだった。

『銅の巻物』には保管のために隠された実際の宝物について記されているという考えは、この巻物が開かれる以前の一九五四年、別のドイツ人学者カール・ゲオルグ・クーンによって提唱された[6]。クーンは最初、宝物はクムランの共同体のものであったと考えていた。その後、巻物が開かれて、すべてが判読できるようになると、彼は意見を変え、そのような偉大な宝物の出所としてあり得るのはエルサレム神殿だけであると考えた。この巻物に記されていたのは、六四の宝物の埋蔵、二〇〇トンに及ぶ金や銀、そして香料や他の貴重な品々のリストであった。それらは全国各地に隠されたが、特にエルサレムと神殿の周辺地域に集中していた。一九五〇年代後半、編集チームのメンバーの間で、『銅の巻物』をめぐって激しい論争が行われた。ジョン・アレグロは、宝物は実在すると考え、最初はそれらが共同体から運ばれたと考えていたが、その後、神殿が出所であると主張するクーンらに同意した。対照的に、J・T・ミリクは、巻物は民間伝承の類であると考え、ドゥ・ヴォーは、それらを「狂心による気まぐれなもの」として退けたとされる[7]。しかしながら、巻物は銅に文字が刻まれており、簡潔な文書形態であったことから、学界では後に、ミリクの「民間伝承」論は却下された。一宗派的な運動が、神殿供犠を差し引いた集金でそのような富を集積できたかどうかは不確かである。『銅の巻物』が見つかった第三洞穴は、クムラン遺跡から最も離れた所にある洞穴であり、これは独自に埋蔵されたのかもしれない。

しかし、巻物がエルサレム神殿から来たという考えにも問題がある。第一に、神殿の図書館が存在したと想定することはおそらく無難ではあるものの、証拠十分なものではない。『マカバイ記二』二章13―15節によれば、ネヘミヤは「図書館を建て、歴代の王や預言者に関する書物、ダビデの諸文書、奉納物についての王たちの勅令を集めた」と信じられていた（聖書の『ネヘミヤ記』には、そのような活動は報告されていない）。同様に、ユダ・マカバイは、戦争によって失われたすべての書物を集めたと言われる。ヨセフスの歴史著作には、神殿に置かれていたとされる書物についての言及が散見される。この歴史家は、神殿が破壊された際にいくつかの聖なる書物を取ることをティトゥスから許されたとする。またローマ人が奪い取った戦利品の中には、ユダヤ人の律法の写しが含まれていたことが知られており（ヨセフス『ユダヤ戦記』7.150）、それはローマにある平和の神殿に置かれたという（『ユダヤ戦記』7.162）。ヨセフスは、ユダヤ人たちの記録は、彼らの正統性を保証した大祭司たちや預言者たちによって保持されたと主張しているが、「公式に認定された書物」の数は二二に過ぎないとも言っている（ヨセフス『アピオンへの反論』1.31）。学者たちの中には、神殿に置かれた書物が、われわれがヘブライ語聖書正典として知っているものになったと信じる人もいる。これらのことすべてが示唆するに、エルサレム神殿の図書館は、かなり控えめな規模であった。

神殿仮説の更なる問題点は、実に多くの巻物が明らかに宗派的な特徴を有しており、エルサレム神殿や大祭司制度にきわめて批判的であるという事実である。宗派的な『共同体の規則』が一一部、『ダマスコ文書』が七部、4QMMT「トーラーのいくつかの業」として知られ、この宗派が他のユダヤ人とは意見を異にする問題を提示して明白な分離主義の立場を採るハラハー的文書が六部見つかっている。ペシャリームないし聖書注解における「教師」の大敵は「悪しき祭司」であり、これは一般に大祭司であったと理解されている。対照的に、「ヨナタン王」（おそらくハスモン朝の王アレクサンドロス・ヤンナイオス）の祈りとして解釈されてきたテクストである4Q448は唯一、ハスモン朝の祭司王に肯定的であると理解できるが、それについてさえ議論がある。エルサレム神殿が、そのように神殿に批判的である宗派的な文書の保管庫を有していたとは考え難い。

シカゴ大学の教授を長年務め、「エルサレム仮説」の最も熱心な擁護者となったノーマン・ゴルブは、巻物はエルサレムのさまざまな図書館から運び込まれたと想定することで、この問題を回避しようとした。しかしそれでも問題は残る。宗派的な文書の数の多さ、ないしはエルサレムの祭司制度に賛同を示す文書が見られないことは説明されないのである。また、ファリサイ派のものと解釈される文書がないことも説明できない。ゴルブが重視したのは、巻物の中に記録文書（財務記録など）が見られないことである。彼はこのことを、ローマに対する戦争が開始された紀元後六六年、武装勢力によってエルサレムの公文書館が焼き払われたと想定することによって（ヨセフス『ユダヤ戦記』2.427）、彼のエルサレム仮説と調和させる。しかし、もし巻物がエルサレム神殿だけでなく、私的な図書館からも運び込まれたのならば、バル・コクバ時代がそうであったように、いくらかの記録資料は保存されたことが期待されて然るべきである。あるいは、クムランの記録資料は、ローマ人によって居住地が焼き払われた時に消滅してしまったのかもしれない。巻物の中での記録資料の少なさは、いずれにせよ驚くべきことであるが、エルサレムを出所とする理論を支持するものではない。

それにもかかわらず、このすべての資料が一つの小さな居住地の図書館に由来するという考えには依然として難がある。ゴルブによる妥当な観察として、巻物から見て取れる写字生の数は、それらすべてがある小さな集落で作成されたとするよりも、はるかに大きい。更に、いくつかの写本は明らかにクムランへの居住よりも古いものであり、それらが他の場所から持ち込まれたことは明白だった。

ゴルブは、クムラン遺跡の住人は単に、巻物を隠すための壺を提供しただけであったと考えた。しかしながら、第四洞穴が遺跡にきわめて近いのを見ると、巻物が遺跡とは大した関連性を持たなかったとは考え難い。更に、この文書集成には広範な資料が含まれている一方で、『マカバイ記』など特定の種類の文献を明らかに除外しているように見える。これらは無作為に集められたものではなく、宗派的な性質を持っているのである。

巻物の出所に関する私自身の考えは、規則書によって裏付けられる宗派運動についての私の理解と結び付いている。あまりに頻繁に、学者たちは「クムラン共同体」を、外界から切り離された、孤立した自給自足の共同体と見なしてきた。しかし、『共同体の規則』と『ダマスコ文書』はいずれも、同じ広範な運動の中にある複数の集落を想定している。『共同体の規則』は、ある集会のための一〇名の定足数について語っている（1QS 6:3,6）。『ダマスコ文書』は、土地の順序に従って「陣営」に住む人々について語っている（CD 7:6）。この運動は一般に、エッセネ派と同定されるものであり、それらは土地一帯に広がっていたとも言われている。

クムラン近郊で見つかった巻物集成は、宗派的な性質を持っているが、一つの集落の図書館であったとするにはあまりに大きく多様である。私が考えるに、これらの巻物は複数の図書館からのものであるが、それらはいずれも宗派的な図書館であった。すなわち、宗派ないし運動に連なる複数の集落の図書館である。ローマに対する戦争の時、さまざまな共同体に属する宗派のメンバーは荒野に逃げ、彼らの同胞たちと共に、そこに避難所を探し出した。その場所が遠く隔たっていたため、あるいは幾人かが考えるように、クムランが「母屋」だったためである。彼らは自分たちの巻物を携えていたと思われる。これによって、若干の相違を伴う規則の多様性や、筆跡から確認される写字生の多様性は説明される。この筋書では、巻物の中には、クムランに住んでいた人々の図書館だけでなく、他の場所に住んでいた多くの宗派的な共同体の図書館からのものも含まれていた。それ故に、この文書集成の宗派的な特徴とその内的な多様性の両方が確認されるのである。

最初の発見の当初から、問題となる宗派的な運動は、エッセネ派と同定されてきた。この同定はその後、激しい議論の的となる。

次章では、そのエッセネ派に注目しよう。

文献案内

死海文書の発見の物語、および編集チームの構成は、Weston W. Fields, *The Dead Sea Scrolls. A Full History* Volume 1（Leiden: Brill, 2009）にきわめて詳細に記されている。

エリエゼル・スケニークとイガエル・ヤディンが果たした役割については、Neil Asher Silberman, *A Prophet from Amongst You. The Life of Yigael Yadin: Soldier, Scholar, and Mythmaker of Modern Israel*（Reading, MA: Addison-Wesley, 1993）を参照（『神殿の巻物』の取得については、三〇四―三一一頁を参照）。

カイロ・ゲニザおよびソロモン・シェヒターについては、Adina Hoffman and Peter Cole, *Sacred Trash: The Lost and Found World of the Cairo Geniza*（New York: Schocken, 2011）を参照。

死海文書の完全な目録は、Emanuel Tov, in collaboration with S. J. Pfann, "List of the Texts from the Judean Desert," in Tov et al., *The Texts from the Judaean Desert*（DJD 39; Oxford: Clarendon, 2002）, 27-114 に見られる。資料を大まかに定められたジャンルによって体系立てようとする試みとして、Armin Lange with Ulrike Mittmann-Richert, "Annotated List of the Texts from the Judaean Desert Classified by Content and Genre," in Tov et al., *The Texts from the Judaean Desert*, 115-64 を参照。独特なクムランの書写慣例についてのトーヴの理論は、彼の著書 *Scribal Practices and Approaches Reflected in the Texts Found in the Judean Desert*（STDJ 54; Leiden: Brill, 2004）, 261-88 に見られる。

死海文書やその出所に関する一致した見解についての古典的な記述は、Frank Moore Cross, *The Ancient Library of Qumran and Modern Biblical Studies*（第三版 Sheffield: Sheffield Academic Press, 1995, 初版

は Doubleday, 1958), J. T. Milik, *Ten Years of Discovery in the Wilderness of Judaea* (Studies in Biblical Theology 26; London: SCM, 1959), Geza Vermes, *The Dead Sea Scrolls. Qumran in Perspective* (Philadelphia: Fortress, 1977) に見られる。

死海文書は、エルサレムから運び込まれ、洞穴に隠されたものであるとする理論は、K.-H. Rengstorff, *Hirbet Qumran and the Problem of the Dead Sea Scrolls* (Leiden: Brill, 1963) や Norman Golb, *Who Wrote the Dead Sea Scrolls? The Search for the Secret of Qumran* (New York: Scribner, 1995)〔ノーマン・ゴルブ『死海文書は誰が書いたか?』前田啓子訳、翔泳社、一九九八年〕に詳述されている。

宗派的な運動の性質や死海文書の出所をめぐる私自身の見解については、John J. Collins, *Beyond the Qumran Community. The Sectarian Movement of the Dead Sea Scrolls* (Grand Rapids: Eerdmans, 2010) を参照されたい。

五つの主たる巻物(『イザヤ書』大写本、『神殿の巻物』、『戦いの巻物』、『ハバクク書ペシェル(注解)』、『共同体の規則(宗規要覧)』)は現在、以下のアドレスによって、オンライン上で見ることができる。http:dss.collections.imj.org.il/

第二章　エッセネ派

一九四七年に死海文書が発見されるや否や、何人かの人々がそれぞれ別個に、それらはフィロンやヨセフス、またローマの著述家である大プリニウスによって短く述べられているエッセネ派というユダヤ教の宗派の文書であると結論付けた。一九四八年二月、シリア大主教マル・サムエルの助手を兄弟に持つイブラヒム・ソウミーは、ジョン・トレヴァーに対して、紀元後一世紀に死海近郊に住んでいた「エッセネ派」と呼ばれる集団を知っている旨を告げ、死海文書は彼らに属していたのかもしれないと伝えた。(1) エッセネ派が死海近郊に住んでいたという報告は、プリニウスによる注記に由来するものであり、これが死海文書と彼らの関連を促す最初の考察であったと思われる。ミラー・バロウズは、一九四八年四月にイェール大学が出した発表の中で、「あまりよく知られておらず、おそらくエッセネ派であると思われる小さな宗派の規則または修道院の規律のようである」と述べた。バロウズは、そこでは彼の推論について説明を加えなかった。しかし「宗派の規則」という表現は、後にセレク・ハ－ヤハドまたは『共同体の規則』として知られることになるテクストと、ヨセフスの著作におけるエッセネ共同体についての記述が似ているとの印象を彼が抱いたことを示唆している。一九四八年一〇月三日、ヘブライ語新聞『ダヴァル』は、「ユダ荒野のゲニザから昨年に発見」との見出しで記事を掲載し、エレアザル・スケニークによる死海文書についての最初の学術書の出版が間近であると発表した。発見の簡単な説明の後、記事は次のように論評している。「この倉庫の所有者が誰であったかはまだ不明である。しかしながら、スケニーク教授は、ある共同体ないし宗派のメンバーの行動規範の書である一つの巻物の内容から、これらの文書は、古代の文献資料によれば死海西側のエン・ゲディ付近に住んだとされるエッセネの宗派に属していたと考えられるという(2)」。スケニークがこの結論に至ったのがいつであったかは明らかではない。彼の息子イガエル・ヤディンは、父親がエッセネ派との同定を主張した最初の人物であり、この主張は、ニール・アッシャー・シルバーマンによって支持されたと主張した。シルバーマンは次のように記している。「エッセネ派との同定は、一九四八年三月にスケニークがいわゆる『宗規要覧』を含む四つの更なる巻物を調査する機会を得たときに確認されたと見られる(3)」。いずれにせよ、この同定は、複数の人々によって別個に行われたようである。

エッセネ派についての古代の記録

エッセネ派は長い間、古代ユダヤ教の文脈において謎の存在であった。彼らはヘブライ語ないしアラム語資料では明示的に言及されておらず、新約聖書には登場しない。彼らは少数のギリシア、ラテンの著述家たちから知られており、その中でも最重要の人物が、アレクサンドリアのフィロン、ヨセフス、大プリニウスである。

彼らを「エッセネ人」(Esseneans) と呼ぶフィロンは、彼らは村に住んでいた非常に裕福な人々であったと述べる。彼らは動物犠牲を控え、町を避けた。彼らは「物資ないし財産を持たずに」住み、すべての物を共有した。彼らは食事を共にし、各人に属するものは何でも、すべての人に属した。彼らは戦争の道具を持たず、奴隷制を拒んだ。彼らは、美徳の獲得には繋がらないとして哲学に時間を費やさなかったが、特に七日目に会堂に集まったとき、父祖たちの法を学ぶことで、倫理学の研究に勤しんだ (フィロン『自由論』75-91)。更に、「共同体生活の結束を無くそうと脅す唯一の、あるいは主たる障害に対して鋭く規定しようと、彼らは完璧な禁欲を命じると同時に、結婚を禁止した。事実、エッセネ人は女性を受け入れない。女性は自分勝手で、嫉妬深く、配偶者の道徳を邪魔することや無限の魅力によって彼を誘惑することに長けているからである」(『ユダヤ人のための弁明』8:6-7、エウセビオス『福音の準備』における引用)。彼らの中には、その未熟さゆえ、子供ないし若者はおらず、彼らは「老年を含む熟年の男たち」である (『ユダヤ人のための弁明』3)。

ヨセフスは、『ユダヤ戦記』2.119-62でより詳細な記述を行い、また『ユダヤ古代誌』18.18-22でも短く説明している。彼はユダヤ教の三つの哲学派のうち、ファリサイ派とサドカイ派の後にエッセネ派を位置付けている。彼らは、快楽を悪として放棄し、禁欲を美徳と見なす。ヨセフスは、フィロンと同じく、彼らは結婚を拒否したとするが、フィロンとは異なり、彼らは他の人々の子供たちを若年で養子にしたと主張している。ヨセフスによれば、「彼らは結婚、あるいはそれによる種の繁殖を非難しないが、女の奔放な性に警戒しており、女は一人の男に忠実ではないと信じている」。しかし、ヨセフスは『ユダヤ戦記』でのエッセネ派についての主たる記述の最後で、次のように付け加えている。「エッセネ派には別種もある。彼らは生活様式や習慣、規則などでは他と同意するが」、種の繁殖の懸念から、「結婚に関しては他と異なる」。それでもなお、彼らは性交を抑制し、彼らの妻が妊娠中には行わない。「それによって、彼らが結婚するのは快楽のためではなく、子を得るのに必要だからであることを示そうとしている」。

この宗派の日常生活について、ヨセフスはフィロンよりもはるかに詳細に記述している。彼はまた、エッセネ派は一つの町に限られず、「どの町にも、一つの居住地から大勢の者がやってきた」と強調する。彼らは平和で単純な生活を送り、持ち物を共有する。彼らは監督者から命令されるまでは何も行わない。日の出前、彼らは太陽に祖先の祈りを唱える。あたかもそれによって太陽が昇るようにである。彼らは食事のために集まると、冷水に身を浸して自らを清める。食堂に入るには、清浄が求められる。祭司が食事の前後に祈りを唱える。ヨセフスは更に、『ユダヤ古代誌』18において、祭司たちがパンや食物を用意すると語る。エッセネ派は、「奉納物を神殿に送るが、異なる清めの慣習に従って犠牲をささげる」。この理由から、彼らは神殿境内への立ち入りを禁じられているが、自分たちで独自に犠牲をささげているという。

特に注目に値するのが、精緻な入信の過程である。これは徐々に進められ、三年の期間に及ぶ。最初に、試用期間の一年があり、この間に彼らは禁欲を証明しなければならない。その後、彼らはより高い程度の清浄浴に加わることが認められる。更に二年後になってようやく、彼らは共同体に完全に認められ、共同の食事に与ることが許される。認められた者たちは、それを受け取るときを除いて、教義を何も漏らさないこと、そして「自分たちの宗派の文書と天使の名を保持すること」を誓う（『ユダヤ戦記』2.142）。宗派から追放された者たちは、悲惨な死を遂げる。彼らが他人と食物を分け合うことを禁じる誓いと慣習に縛られているからである。

ヨセフスは、エッセネ派には預言の能力があったとする。「聖なる書物やさまざまな清めの儀式、預言者たちの言葉に通じている者たちの中には、未来を予見する専門家になる者がいる。彼らの預言が外れることは滅多にない」（『ユダヤ戦記』2.159）。彼は、数々の逸話によって、彼らの予知能力を描き出している。

ヨセフスによると、エッセネ派は魂の不死、死後の褒賞と処罰を信じていた（初期キリスト教著述家ヒッポリュトスは対照的に、彼らは肉体の復活を信じていたという）。彼は『ユダヤ古代誌』の中で、彼らはピタゴラスによってギリシア人に明かされた生き方に従ったと述べる（『ユダヤ古代誌』15.371）。この発言は、彼らがピタゴラス派の影響を受けた可能性を推測する現代の学者の興味を引き付けてきた。ヨセフスの別の発言は、より謎めいたものである。彼曰く、彼らの「生き方は、いわゆるダキア人の多くときわめてよく似ている」（『ユダヤ古代誌』18.22）。ダキア人は黒海の東に住んだが、彼らがエッセネ派にどう似ていたかははっきりしない。しかしながら、ヨセフスはギリシア人読者のために書いたのであり、読者が理解できる類比によってエッセネ派を説明しようとしたことは明らかである。

大プリニウスによる『自然史』5.17.4(73)の非常に短い注記は、エッセネ派は「女なしで、愛を完全に放棄し、カネなしで、集団のためにヤシの木しか持たない……その種の特異な人々(gens)」であると述べる。彼は、この独身者共同体が「何千年もの間」、世代交代できてきたことに驚いている。フィロンやヨセフスとは異なり、プリニウスは死海の西側にあるエッセネ派の居住地だけを知っているように見え、彼らはそこで、「彼ら自身と不浄な海岸との間に必要な距離を置いていた」。「彼らの下」(infra hos)には、エン・ゲディがあったという。プリニウスの記述は、地理に焦点を当てている。すなわち、彼がエッセネ派について関心を寄せるのは、彼らが死海の近くに住んでいたということに関してだけである。彼の記述は、他の居住地の存在を必ずしも排除するものではない。彼が記したのは、ユダヤ戦争でエルサレムとエン・ゲディが廃墟と化した後であるが、エッセネ派の居住地が破壊されたことを示唆するようなものは一切ない。エッセネ派と死海周辺の関連は、死海文書に携わった人々を同定しようとする試みにとって重大な位置を占めていよう。

フィロンはまた、テラペウタイ派(Therapeutae)と呼ばれる集団についても記しており、彼はこれをエッセネ派に対応するものとして紹介する。エッセネ派は活動的な生活を追求したとされるが、テラペウタイ派が追求したのは瞑想的な生活である。それゆえに、フィロンのこの著作の名は、『観想的生活』（*De vita contemplativa*）であった。エッセネ派と同じく、彼らは独身者であったが、男だけでなく女も含まれており、ユダではなく、アレクサンドリア近くのエジプトが拠点であった。フィロンは彼らについて、彼らは共同の食事、聖書の寓喩的解釈、賛美歌を含めた神秘的な生活を追求したと説明する。この集団は明らかにエッセネ派に似ているが、実際の関係をめぐっては常に議論が交わされてきた。

エッセネ派についての伝統的な見解

エッセネ派は、死海文書の発見のはるか前から学者たちの関心を引いてきた。そこで見出されたのは、おそらくラビ・ユダヤ教から遠く離れているように見えるユダヤ教の宗派であり、いくつかの点ではキリスト教、特に数世紀後まで発生しなかったキリスト教の修道院に似ていた。死海文書の発見のはるか前に、エッセネ派をめぐる議論は二つの視点の間を行き来した。一方は、それらをキリスト教との関係で見ようとするもの、他方は、それらをラビ・ユダヤ教の観点から理解しようとするものである。一九世紀におけるエッセネ派をめぐる議論は、かなりの部分が、およそ一世紀後の死海文書をめぐる議論を先取りしていた。

エッセネ派は長い間、キリスト教のレンズを通して見られてきた。紀元後三一四年にカイサリアの司教となった学者であり歴史家でもあったエウセビオスは、彼がエッセネ派の分家であると見なしたテラペウタイ派はキリスト教の禁欲主義者であると考えた（『教会史』2.16）。彼らが最初の修道士であったという発想は、中世にも残っていた。宗教改革の時代、エッセネ派／テラペウタイ派は修道院制をめぐる議論の代理の役割を果たした。プロテスタントの人々は、エッセネ派はユダヤ教の集団であり、修道院の始まりはユダヤ教の道への逆戻りを表していたと論じた。カトリックの人々は、テラペウタイ派はキリスト教運動の最初期の段階における修道院制の存在を示したと反論し、これを支持する教父たちの証言を挙げた。議論が白熱する中、イエス、使徒たち、洗礼者ヨハネでさえもがエッセネ派であったと主張された。テラペウタイ派にキリスト教的な特徴を見出すことは、その後しばらくカトリックと聖公会の中で維持されたものの、それが誤りであることは、偉大な古典文法家ヨセフ・ユストゥス・スカリゲル（一五四〇―一六〇九年）によって確証された。

啓蒙主義の時代、新たな関心事が表面化する。イエスは今や、その思想が彼の環境によって形作られた一人の人間と見なされた。彼は、兄弟愛の理想や富への不信をエッセネ派と共有し、神殿をほとんど頼りとしなかった存在と見られた。彼はその人格形成期をエッセネ派の秩序の下で過ごしたとさえ考えられた。エッセネ主義は今や、平和的で、非物質的な精神性が育まれる環境と考えられた。哲学者ヴォルテールはエッセネ派を賞賛し、有名な聖書学者J・D・ミカエリスは『ルカによる福音書』にエッセネ主義との親和性を見出した。エッセネ派は、普遍的な道徳に関心を持つ、進歩的な思想家としてのフリーメーソンの先駆者であるとさえ言われた。言うまでもなく、そのような意見には大きな反対もあった。無神論者のロバート・テイラー（一七八四―一八四四年）は、

「すべての合理的な意味において、彼ら［エッセネ派］はキリスト教の起草者であり真の創始者であったと結論付けられる」[4]と宣言し、冒瀆罪で投獄された（彼に対する告発は確かに、彼のエッセネ派についての見解のみに基づくものではなかったものの）。

一九世紀には、フォン・ランケに見られるような歴史的方法や、歴史研究を教義的な関心から解放しようとする試みが登場した。学者たちは次第に、イエスとエッセネ派の相違に気付くようになった。しかしながら、イエスとエッセネ派との関連は、一般のキリスト教文学では主張され続けた。

エッセネ派とユダヤ教

ユダヤ教の学者たちは、しかし、エッセネ派をキリスト教に譲渡しようとはしなかった。既にデ・ロッシ（一五一三／四―一五七七／八年）は、ラビ文献にエッセネ派に関する言及がないことに悩まされ、彼らは実は、サドカイ派と密接に関連していた集団であるボエトゥス派と同じであったと主張した。それによって、彼らのユダヤ教としての特徴は保証された。ツァハリアス・フランケルのような一九世紀のユダヤ教の科学的研究（Wissenschaft des Judentums）運動の学者たちは、より影響力のある主張を行った。エッセネ派は、『マカバイ記』だけでなく、ラビ文献にも言及されるハシディームないし敬虔な者たちと関連するというのである。これらの学者たちは、エッセネ派についてのギリシア語やラテン語による記述を信用せず、彼らをラビの伝統に統合しようとした。ファリサイ派とエッセネ派は共にハシディームから発展したと考えられた。紀元前二世紀半ばのエッセネ派についての支配的なユダヤ教の見解は、イザーク・マルクス・ヨーストによって次のように上手くまとめられている。「エッセネ派は、より高い献身につながる『レビ記』の清浄規定の実践に努めていた者となることを望んだ他のラビたちと全く同じである。彼らには他に信条も法もなく、この兄弟関係に特有の単なる制度である。……従って、彼らの見解や信条は、彼らの宗団に入らなかった教養者やラビたちの発言にも見られるため、彼らはエッセネ派を反対者ないし背教者としてではなく、それとは逆に、より多くの主張とより少ない楽しみを持った同志たちと見なした。多くは自らすすんで彼らに加わり、彼らはハシディームまたはゼヌイームと呼ばれた[5]」。エッセネ主義とファリサイ主義は、いずれも厳格な清浄に関心を寄せたという点で関連していたという見解も、キリスト教の学者たちの間で好評を得た。この知見は、エミール・シューラーの著作において最高潮に達する。彼は一九世紀末のユダヤ教に関するドイツの歴史家で、エッセネ主義は「ファリサイ主義の極端なもの[6]」であったと宣言した。ファリサイ派は特に、律法を厳格に遵守し、清浄に対する不安を抱いていた。後者は、エッセネ派が他のユダヤ教から自分たちを切り離し、彼ら自身の組織を形成した所以である。犠牲の拒否は、彼らの同時代人との不和を増幅させた。シューラーはいくらかの外国の影響が働いた可能性を認めたが、その記述をギリシア色に染めることを強いられたかもしれないヨセフスの信頼性について疑いが持たれることによって、問題はより複雑になった。

一九世紀半ば、エッセネ派をユダヤ教の文脈に関連付ける新たな道が見つかった。一八二一年に『エチオピア語エノク書』が公刊されたことで、ラビとは異なるパレスチナ・ユダヤ教が開かれ、黙示文学がジャンルとして認知されたのである。一八五三年、オーストリアのユダヤ教の学者アドルフ・イェリネックは、『エノク書』がエッセネ派文学の名残であると提唱した。イェーナ大学の新約聖書学およびキリスト教史の教授アドルフ・ヒルゲンフェルドは、エッセネ派の禁欲主義を、より広範に黙示的な幻想行為に関連付けた。断食は、『ダニエル書』や『エノク書』ならびにその他の黙示文学における幻想体験の先触れとされた。彼は、エッセネという名が、「先見者たち」(ホーズィーム)を表すアラム語に由来するとさえ主張した。ヒルゲンフェルドは長い経歴の過程で、繰り返しこの主題に立ち戻った。彼はペルシアや、更には仏教の影響さえ考えたが、最終的に後者の着想は放棄している。しかしながら、エッセネ主義がユダヤ教の終末論に関連していたという考えは、エッセネ派についての記述の中で、必ずしもそれを主要因としなかった幾人かの学者たちから支持された。

ユダヤ教の終末論との連続性を支持した学者の一人が、一九世紀フランスの著名な知識人であったエルネスト・ルナン(一八二三―一八九二年)である。ルナンは、その著書『イエス伝』の中で次のように記した。「黙示的な学派と直接の関係があったように見えるエッセネ主義は……人類の教育のために間もなく制定されることになる偉大なる規律の最初の大まかな素描として寄与した」。ここで彼が考えていたのは、キリスト教である。ルナンはまた、エッセネ主義の特徴の大半は、正統派ユダヤ教の誇張として説明できるとも書いている。犠牲の否定は、古代の預言者たちへの共鳴であった。宗派の清浄とその過剰な沐浴は、古代ユダヤ教やファリサイ派の精神に基づくものであったが、ペルシアの影響もいくらか反映しているかもしれない。ここでルナンが考えていたのは、洗礼者ヨハネである。エッセネ派は、ファリサイ派のように律法を守ることでは命を得ることができないと分かると、洗礼者ヨハネのように、荒野に退いた。ルナンは、エッセネ派がファリサイ主義の極端なものであるというシューラーの見解を取り入れた。しかしながら、彼の最も有名な言葉は、「キリスト教は生き残ったエッセネ主義だった」というものである。彼は、初期キリスト教徒とエッセネ派との間に直接の接触があったことには懐疑的だったが、共同の食事、財産の共有などに注目して、類似点は深いと考えた。エッセネ主義は、ユダヤ教や預言者たちの説教が道徳的に行き着く先を描こうとする試みの典型であった。ルナンによれば、ファリサイ主義は、それが「律法の遵守に狭められた」ゆえに失敗した。エッセネ主義は、その極端な生活様式ゆえに続かなかったが、キリスト教の、この地を継承しようとする柔和の理想を予見していた。ルナンの見解は、死海文書の発見後、それらのキリスト教との関係をめぐる最初の大きな論争の過程で思い起こされ、引き合いに出されることになる。

二〇世紀初めまでに、エッセネ派がファリサイ派に関連していた、あるいは類似していたという考えは十分に確立された。両派はしばしば、マカバイ時代のハシディームの子孫であると考えられた。この見解に与した学者たちには、ユダヤ教徒やキリスト教徒、カトリックやプロテスタントの人々が含まれた。想定されるこのエッセネ派の系譜は、死海文書を生み出した宗派の歴史を再構成する際に大きな位置を占めることになる。これらの学者の中には、『第一エノク書』や『モーセの昇天』などの非正典文書をエッセネ派に帰す者もいた。

「異物」としてのエッセネ主義

しかしながら、エッセネ派を理解する全く異なる方法があった。それは、ピタゴラス派についてのヨセフスによる言及が促したものだった。ピタゴラスは、紀元前六世紀のギリシアの哲学者で、自らの名を冠した宗派ないし社会を創設した。彼は霊魂の転生の教義と関係があり、プラトンに影響を与えたと考えられた。彼は、友人たちはすべてのものを共有すべきであると教えたと言われ、彼の信従者たちは自分たちの所有物を分かち合ったと言われた。彼らは、清浄に非常にこだわる排他的な社会を形成し、数年にわたる精巧な加入制度を持っていた。共同体から追放するための規定もあった。しかし、ピタゴラスによって創設された共同体が遅くとも紀元前四世紀までに潰えた一方で、ピタゴラス派の生活様式に関する情報源の大半は紀元後三世紀のものである。記述が実際のピタゴラスの共同体の実践をどの程度反映しているかは不明であるが、ヘレニズム時代には、少なくともピタゴラス派の文学伝統があった。

エッセネ派がユダヤ教ピタゴラス派であったという考えは、既に一七世紀に主張され、折に触れて復活した。一九世紀に、エッセネ派がピタゴラス派に由来することを支持した主な人物としては、一八三二年にティアナのアポロニウスと新約聖書についての論文を発表したテュービンゲン大学の偉大な新約聖書学者のF・C・バウアー、そしてギリシア哲学史家のエドゥアルト・ツェラー（一八一四―一九〇八年）がいる。これら二つの運動の基礎となっていたのは、肉体と霊魂の人間学的二元論であった。物質は本質的に汚れであった。動物犠牲は、それが引き起こす汚れゆえに、受け入れられるものではなかった。ピタゴラス派はまた、財産の共有を実践したと言われる。ツェラーは、太陽崇拝、独身制、禁欲主義といった特徴を持つ運動は、伝統的なユダヤ教から派生し得ると論じた。ピタゴラス派の影響に関する憶測の極めつけは、ユダヤ人学者のイシドール・レーヴィの研究に見られる。レーヴィは一九二七年の著作の中で、古代ユダヤ教に対するピタゴラス派の広範な影響について論じたが、エッセネ派の中に、禁欲主義と共同生活に重きを置く新ピタゴラス派の生活様式をモデルとしたユダヤ人集団の典型例を見ている。[7] エッセネ派についての混交主義的な説明は、他にも折に触れて主張され、とりわけゾロアスター主義から派生したという考えが、イギリスの新約聖書学者のJ・B・ライトフットによって精力的に支持された。[8]

独特な立場を採ったのは、偉大なヘレニズム・ユダヤ教学者のモーリッツ・フリードレンダー（一八四四―一九一九年）である。[9] フリードレンダーは、エッセネ主義を、増強されたファリサイ主義として見なすことは、その内核を奪うことであったと論じた。彼の見解では、エッセネ派はギリシア語を話すユダヤ人であり、フィロンやテラペウタイ派に代表されるような哲学的なヘレニズム・ユダヤ教によって養われたものだった。彼らの肉体と霊魂の人間学的二元論、犠牲の拒否はそれらに由来するという。要するに、他の解釈者たちにとっては「ピタゴラス派」と見られたものの多くが、フリードレンダーにとっては、アレクサンドリアのギリシア語を話すユダヤ教であった。

議論の根底にあるモチーフ

宗教改革時代、また啓蒙主義時代におけるエッセネ派をめぐる議論では、教義上の問題が争われていたことが、今では明らかである。初期の時代において、エッセネ派がキリスト教徒であったという考えは、キリスト教の古さ、従って真正性を確証する方法であった。後代の、啓蒙主義のより人文主義的な文脈では、エッセネ派が初期キリスト教の重要な側面を予見していたという主張は、超自然的な啓示の主張を覆し、キリスト教が人間的、あまりに人間的であったと示すために一部で取り上げられた。エッセネ派の議論にイデオロギー的な関心を重ねるこれらの傾向はいずれも、二〇世紀後半の死海文書に関する議論の中で継続される。

エッセネ派をファリサイ派に同化させることでユダヤ教に取り戻そうとする試みも、教義上の関心から生じたと言われるかもしれない。これは、フィロンやヨセフスに対する根強い不信、ラビ文献における言及をエッセネ派に同定しようとする試みにも当てはまった。これらの場合、ラビ・ユダヤ教が正統なユダヤ教と見なされ、エッセネ派はラビの関心に合致することで名誉回復されねばならなかった。それとは逆に、学者が古代ユダヤ教の文脈において、特に宗派の肯定的な評価を伴ってエッセネ派に固有の特徴を強調しようとしたときには、そこには教義的、ないしはイデオロギー的な関心もはたらいていたと疑われたかもしれない。そのような場合、ラビ・ユダヤ教は不快なもの、または不完全なものと見なされ、エッセネ派は、彼らが全く異なるイデオロギーから派生したことを示すことで名誉回復されねばならなかった。

これは、すべての学者の立場が教義的な偏見によって形成されたと主張するものではない。多くの学者たちは、彼ら自身にとって最も身近な資料によってエッセネ派を理解しようとした。――エドゥアルト・ツェラーにとってはギリシア哲学、モーリッツ・フリードレンダーにとってはヘレニズム・ユダヤ教、ヒルゲンフェルトにとっては黙示文学、ツァハリアス・フランケルにとってはラビ伝承であった。しかしながら、イデオロギー的な考察が議論の中で重要な役割を果たしたことは間違いない。エッセネ派に関するこれらの評価はいずれも、全く根拠がないわけではなかった。フィロンとヨセフスは共に、エッセネ派が聖書研究に寄与した重要性を指摘し、清浄への彼らの多大なる関心についても指摘した。後者の関心は、エッセネ派をその他のユダヤ教から切り離すための説得力のある説明を与える。しかし、フィロンとヨセフスによるエッセネ派についての記述は、ピタゴラス派を連想させる肉体と精神の二元論を強調しており、エッセネ派の共同生活も、ピタゴラス派の共同体についての古代の記述を想起させる。エッセネ派の共同生活はまた必然的に、『使徒言行録』に描かれている初期キリスト教徒を想起させる。

死海文書とエッセネ派

二〇世紀初めに『ダマスコ文書』が公刊されたとき、この文書は、ルイス・ギンズバーグの言葉によれば、「未知のユダヤ教の宗派」に帰されていた[10]。事実、さまざまな名の知られたユダヤ教の宗派が提案された。最初の編集者であるソロモン・シェヒターは、これを「サドカイ人」(Zadokite)と名付け、サドカイ派起源の集団から派生したと考えた。多くの学者たちは、これをドシテオス派ないしサマリア人、あるいは更に後代のカライ派に帰した。しかしこれをエッセネ派に帰す者は一人もいなかった。しかしながら、死海文書が発見されたとき、それらはほとんど瞬時にエッセネ派に帰された。これらのテクストが、〔カイロ・〕ゲニザからの文書と関連していると即座に見なされたにもかかわらずである。

死海文書がエッセネ派に帰されたのは、『ダマスコ文書』には適用されなかった二つの考察の結果であった。第一は、発見の場所であり、それはプリニウスがエッセネ派の共同体を位置付けていた地域であった。第二は、ヨセフスによるエッセネ派についての描写と『宗規要覧』ないし『共同体の規則』との間に見られる類似点であった。最も顕著な類似点は、入信の手続きと共同生活に関わるものであったが、それらは細部にまで及んだ。年長者への敬意、集会での唾吐きの禁止、追放の規定など、これらのうちのいくつかは確かに一般的なものであり、どんな組織にも見出すことができるかもしれない。共同の食事でさえ、古代における多くの組織の生活に見られる標準的な特徴であった。しかし、他の特徴はより独特だった。これらのうちの主なものは、共同での財産の保有であった。そのような慣例は、ピタゴラス派を含むユートピア的な集団についてのギリシア語の記述からは知られていたが、『共同体の規則』が発見されるまでは、ヘブライ語の資料では証明されていなかった。『共同体の規則』で概要が述べられている入信の手続きも、エッセネ派のそれと知られている中で最も近い並行を示していた。いずれも最初の試用期間が必要であり（エッセネ派の場合には一年間と指定）、更に二年が続き、これらの段階は清浄の程度に応じて区切られていた。ギリシア語とヘブライ語による記述には若干の相違があるが、大半の解釈者たちは、その類似性により多くの感銘を受けた。

エッセネ派は、死海文書の宗派と同じく、エルサレム神殿とある問題を抱える関係にあった。フィロンが言うには、「彼らは特に神への奉仕によって彼ら自身の敬虔さを示した。動物の犠牲をささげることではなく、彼らの心を浄化しようとすることによってである」（『自由論』75）。ヨセフスが言うには、彼らは奉納物を神殿に送るが、異なる清めの儀式に従っており、神殿境内への立ち入りを禁じられている。彼によると、彼らは自分たちで独自に犠牲をささげた。このことについて死海文書の証拠は曖昧である。『ダマスコ文書』は、メンバーが「彼の祭壇に火を灯そうと無駄に」（CD 6:11）神殿に入ることを禁じているが、彼らが自分たち自身で犠牲をささげたか否かという問いについては答えない。『共同体の規則』は、共同体を神殿祭儀に置き換わるものと見なしているようである。どちらの立場も完全には明確ではないものの、死海文書とギリシア語資料（フィロンとヨセフス）は共に、神殿との緊張関係を証言している。

もう一つの重要な主題が独身制の問題である。ギリシア語とラテン語の記述は、エッセネ派の独身制を強調しているが、ヨセフスは、宗派のある一派は結婚を認めていたとしている。『ダマスコ文書』は、明らかに結婚生活を許可しているが、これは宗派の全成員に当てはまるものではなかったことを暗示しているように見える。『ダマスコ文書』第七欄4―7行目は、全き聖なる道を歩み、千代に生きることを約束されている人を、結婚して子供を持つ人と対照させている。『共同体の規則』（1QS）は、清浄の問題に大いなる関心を寄せているにもかかわらず、女性ないし子供については一切言及していない。その結果、この文書は独身者の共同体の規則として理解されてきた。しかしながら、これは独身を明白に要求してはいない。

宗派をエッセネ派と同定する議論においては最終的に、クムラン遺跡の解釈が大きな位置を占める。その際、この同定が、遺跡が発掘される前から十分に確立されていたということを心に留めておくべきである。クムランを発掘したローラン・ドゥ・ヴォーは、考古学の役割は二次的なものであり、エッセネ派仮説は考古学だけでは立証できないことを最初から認めていた。「このような仮説に矛盾する証拠は見当たらない。しかし、このことだけが証拠に基づいて到達でき、また正当に導き出すことができる唯一の確たる結論である。この問いの答えは、考古学的な遺物からではなく、テクストの研究から求められるべきである」[11]。たとえクムラン遺跡が宗教共同体の住居ではなく、軍事施設であることが判明したとしても、『共同体の規則』をエッセネ派の文書とする同定は依然として有効であり得る。確かに、死海文書があった場所は偶然であり、それらがこの遺跡とは無関係だったことが判明したならば、エッセネ派と考えることの一つの主たる根拠は失われるであろう。しかしそれにもかかわらず、この同定は、考古学的な証拠によって確証ないし否定されるものではない。次章では考古学的な証拠に目を向けるが、ここではエッセネ派と同定するための文学的な証拠に焦点を当てる。

異なる見解

エッセネ派の同定は、即座に広く受け入れられた。これを支持した有名な学者には、ミラー・バロウズ、イガエル・ヤディン、ゲザ・ヴェルメシ、J・T・ミリク、フランク・ムーア・クロス、クムラン遺跡の発掘者ローラン・ドゥ・ヴォーが含まれる。常に反対意見もあった。『ダマスコ文書』の場合と同様、知られていたほぼすべてのユダヤ教の宗派が、いつか誰かしらによって提案された――ファリサイ派、サドカイ派、ハシディーム、熱心党、エビオン派、カライ派、またキリスト教徒さえもである。ドイツ生まれのユダヤ人移住者で、ヘブライ大学に移る前にオックスフォード大学で教鞭を執ったハイム・ラビンは、クムラン宗派は「ラビの権威によって導入されたより柔軟なイデオロギーに抗して、（彼らがそう理解したところの）『純粋な』ファリサイ主義を守ろうとする強硬なファリサイ派の集団であった」と述べた。[12]オックスフォード大学のセム語学の逸材であるG・R・ドライバー、オックスフォード大学で研鑽を積んだユダヤ教史家であるセシル・ロスは、『戦いの巻物』の軍事的なイデオロギーゆえに、彼らはローマに対する戦争における熱心党であったと考えた。[13]彼らをサドカイ派とする説は、初期の段階において、また4QMMT（「トーラーのいくつかの業」）として知られるテクストにおけるハラハー的な立場のいくつかが、ファリサイ派よりもむしろサドカイ派に一致していることが判明した一九八〇年代になって再び提案された。[14]死海文書が初期キリスト教の文書であるとの考えは、奇抜な学者たちであるバーバラ・シーリングとロバート・アイゼンマン[15]によって提唱された。これらの提案の中には、他よりもすぐれた点もあるが、いずれも学者たちの支持を得なかった。彼らをエッセネ派と同定する説が持続したのは、妥当な代案がなかったことによるのではない。

ユダヤ教の主要な宗派

エッセネ派仮説に反対する重要な異論の中には、代案を試みずに、死海文書を「未知のユダヤ教の宗派」に帰することで満足しているものがある。ソール・リーバーマンは一九五二年に出版された論文で、クムランの『共同体の規則』とラビ文献におけるハベリームの規律との間に見られる類似性を指摘した。[16]ハベリームは、厳格な清浄を求める食卓共同体のための組織を形成した初期ファリサイ派であった。クムラン宗派のように、彼らは一定の期間に及ぶ漸次的な入信手続きを踏んだ。リーバーマンは、多くの宗派集団が同じような規律を持っていたかもしれないと警鐘を鳴らし、紀元前後のパレスチナは諸宗派で「ごった返していた」と主張した。フランク・ムーア・クロスは、これがエッセネ派仮説に対して提起された最も強力な議論であることを認めつつも、この議論が妥当性を持つのは、年代不詳の写本がわずかしか知られていない場合のみであると反論した。一九五〇年代半ばまでには、クムラン宗派が紀元後一世紀の小さな一時的な集団の一つではなかったことは明らかだった。それとは逆に、これは約二〇〇年も続き、巨大な図書館を備えており、クムラン遺跡に限定されていなかった。従って、これはヨセフスによって言及されている主要な宗派の一つと同定され得ると予期するべきなのである。死海文書研究の初期には、宗派は消去法によってエッセネ派と同定され得ると論じられる傾向があった。すなわち、この程度までユダヤ教の残り部分から切り離されるのは、ファリサイ派でも、サドカイ派でも、熱心党でもなかった。ユダヤ教の宗派に関するヨセフスの記述が網羅的であると信じる学者は、今ではほとんどいない。それにもかかわらず、紀元前後のユダヤにおける宗派に関する実際の証拠は非常に限られており、死海文書は、他のいずれの宗派よりもエッセネ派に合致している。クロスは、頻繁に引用される記述の中で次のように結論付けている。

従って、課題はユダヤ教における主要な宗派を同定することである。この時期のユダヤ教の主要な集団が、われわれが手にしている資料に気付かずにいたとは、とても信じ難い。クムラン宗派をエッセネ派と同定することに「慎重な」学者は、自らを驚くべき立場に置く。この者はすなわち、よく似た風変わりな見解を持ち、類似した、あるいは同一の清祓、儀礼的食事、儀式を行っていた二つの主要な宗派が、二世紀にわたって死海の同じ砂漠地帯に共産主義的な宗教共同体を結成し、一緒に住んでいたと真面目に主張しなければならない。この者は一方は、古代の著者によって注意深く記述されたものが、遺構あるいは陶片すら残すことなく姿を消し、他方は、古代の資料から一貫して無視されたものが、広大な遺跡やまさに偉大なる図書館を残したと仮定しなければならない。私は無謀かつ平凡に、長年の食客を含めたクムランの人々をエッセネ派と同定したい(17)。

クロスの議論は部分的に、死海文書が同地に住んでいた共同体の図書館であったという想定に依拠していたが、議論が図書館の証拠に制限されるとしても、かなりの力を持っている。

これはしかし、完璧で決定的なものではない。いくつかの厄介な矛盾を残している。宗派間の論争はしばしば細かい相違から引き起こされたと主張されるかもしれないものの、実践は時間の経過と共に変化したかもしれないため、入信手続きの記述における軽微な相違は十分容易に説明できる。しかしながら、独身制の要請が決して明白でないことには驚かされる。更に、エッセネ派の独身制を強調することは、死海文書研究を歪める作用があった。ヨセフスは、結婚したエッセネ派の規定があったと証言しているものの、ギリシア語やラテン語の資料が大きく強調したのは、宗派の独身制であった。プリニウスによると、エッセネ派は「女なしで」生活していた。しかし、宗派の分派が結婚を自制していたとしても、女性との交わりが一切なく生活していたとは想像し難い。彼らは最低限でも自分たちの母親、おそらくは姉妹や他の女性親族を抱えており、異性との折に触れた接触を避けることはほとんどできなかった。しかしながら、独身制の想定ゆえに、一九九〇年代まで、死海文書が女性について何を述べているかについて、ほとんど注意が払われてこなかった。しかし、この問題が提起されると、死海文書は女性についてかなり多くのことを語っていることが分かった。『ダマスコ文書』は結婚を認めている。また厳密には宗派的ではないかもしれないが、ある知恵のテクストは、母親たちについて、父親たちと並んで敬われるべき者たちとして述べている。事実、ギリシア語やラテン語の著者たちが独身制について大きく強調したのは、それが例外的だったからである。死海文書の中で女性が役割を果たしているという事実は、それ自体がエッセネ派仮説に対する反証にはならない。しかしそれは、あらゆる仮説が、資料のいくつかの側面について、ある側面を照らすと共に、他の側面を暗くする目隠しのように機能し得ることを示している。

第二の問題は、宗派の黙示的な信仰に関わる。エッセネ派についてのギリシア語やラテン語の記述は、死海文書に見られる黙示的でメシア的な考えを一切示唆していない。これらの考えが実際のところ、特にはっきりと宗派的なものであるにもかかわらずである。この資料が存在したこと、およびクムランがユダヤ戦争時にローマ人によって明らかに破壊されたという事実から、ロスやドライバーなどの学者たちは、死海文書を熱心党に帰すことになる。また福音書の記述とは相容れない憎悪に満ちた革命的な運動としての初期キリスト教というアイゼンマンによる奇抜な見解にも寄与した。他の学者たちは、死海文書の終末論的な闘争と、フィロンやヨセフスが描く平和を愛する共同体としてのエッセネ派との間の不一致に悩まされる。

現時点において、終末論的な闘争は、明らかな平和主義とは必ずしも両立しないとは限らない。『共同体の規則』（10:16-21）によると、宗派の者は「裁きは神に属する」ことを認識しているので、「怒りの日に至るまで」、「滅びの民」（宗派の敵対者たち）とのいかなる紛争にも関与してはならない。傍観者にとっては、これは平和主義のように見えるかもしれないが、黙示的な集団にはよくあることとして、暴力は適切な時期に延期されているに過ぎず、否定はされていない。

それにもかかわらず、死海文書から窺い知れる宗派をエッセネ派と同定する学者たちは、ギリシア語やラテン語の記述は不十分であると主張しなければならない。事実、多くの学者たちは、死海文書が発見されるずっと前から、これらの記述の信頼性に疑問を抱いていた。ユダヤ人の学者たち、特にフランケルに始まる一九世紀の学者たちは、フィロンやヨセフスは、ギリシアやローマの読者たちに知られていたピタゴラス派などの運動との類似点を誇張し、読者たちが不快に感じ得る特徴を省略したと疑った。これらの疑念には根拠がないわけではなかった。ヨセフスがエッセネ派をダキア人と比較したのは、ユダヤ人の読者の利益のためではなかった。更に、ヨセフスはすべてのユダヤ人がメシア的あるいは終末論的な考えを持っていたとは認めていないため、エッセネ派の場合についてそれらを報告していないのは驚くに値しない。彼が記述を行う際に、ギリシアの手本を利用したことはほぼ間違いない。このことは必ずしも彼の情報の信用性を傷つけるとは限らないが、これを使用する際には注意が求められる。

ほぼすべての学者たちは、エッセネ派はユダヤ教の伝統、特に清浄とモーセの律法への関心に深い根を持っていたが、保存された記述は、ピタゴラス主義などの非ユダヤ教の運動とより多くの共通点がある彼ら独特の特徴にも帰されると主張してきた。学問的な論争では、これらの側面のそれぞれに置かれるべき相対的な比重、またフィロンやヨセフスの「ヘレニズム化した」記述の信頼性の程度に重点が置かれてきた。これらの議論は、宗派自身によって著された、正真正銘のエッセネ派の資料の発見によってのみ解決し得る。多くの学者たちは、まさにそのような文書が死海文書で発見されたと確信しているのである。

ギリシア語やラテン語の記述に基づいて宗派をエッセネ派と同定し、新しい証拠に基づいてそれらの記述の修正へと進む議論は、厄介な堂々巡りの様相を呈している。従って、同定に関する疑問が残ることは驚くに値しない。しかし、クムラン宗派とエッセネ派との間の類似点は顕著であり、他の代案は考え難い。私自身の見解では、エッセネ派に同定される可能性は高いままであるが、これは合理的な人間たちの中では意見の一致を見ない問題である。

しかしながら、エッセネ派仮説をめぐる議論の過熱ぶりは、証拠の曖昧さからはほとんど説明できない。学者たちは、少なくともいくつかの場合において（例えば、ノーマン・ゴルブ）、エッセネ派に帰すことが、死海文書のユダヤ教的な性格の信憑性を失わせ、それらの重要性を低下させると感じているようである（しかし注記すべきは、スケニークやヤディンをはじめとして、この仮説を忠実に支持するユダヤ人が常にいた）。それとは逆に、他の人々にとって、エッセネ派仮説は、第二神殿時代のユダヤ教の多様性を確証し、またしばしば末端の、キリスト教に怪しいほど似ていると見なされてきたユダヤ教の一種が、まさに紀元前後のユダヤの主要な存在であったことを示している。これらの考察は、ユダヤ教やキリスト教にとっての死海文書の重要性をめぐる議論でも話題になっており、それらについては後の章で検討する。

文献案内

エッセネ派についての主な古代の資料は、Geza Vermes and Martin D. Goodman, *The Essenes according to the Classical Sources*（Sheffield: Sheffield Academic Press, 1989）に翻訳付きで提供されており、便利である。資料にはフィロン、ヨセフス、プリニウスに加えて、プルサのディオ、ヘゲシップス、ヒッポリュトスからの文言が含まれる。エッセネ派に関する資料をめぐる議論については、Joan E. Taylor, "The Classical Sources on the Essenes and the Scrolls," in Timothy H. Lim and John J. Collins, eds., *The Oxford Handbook of the Dead Sea Scrolls*（Oxford: Oxford University Press, 2010）, 173-99 を参照。

死海文書が発見される以前のエッセネ派に関する研究については、Siegfried Wagner, *Die Essener in der Wissenschaftliche Diskussion vom Ausgang des 18. bis zum Beginn des 20. Jahrhunderts. Eine Wissenschaftsgeschichtliche Studie*（BZAW 79; Berlin: Töpelmann, 1960）を参照。一九世紀中頃までの学界での議論は、Christian D.

Ginsburg, *The Essenes. Their History and Doctrines*（London: Routledge & Kegan Paul, 1955; 初版 1864 by Lund Humphries and Co.）に見られる。

エッセネ派とピタゴラス派については、Justin Taylor, *Pythagoreans and Essenes. Structural Parallels*（Paris/Louvain: Peeters, 2004）を参照。

ヨセフスのエッセネ派についての記述と死海文書との間に見られる類似点は、Todd S. Beall, *Josephus' Description of the Essenes Illustrated by the Dead Sea Scrolls*（Cambridge: Cambridge University Press, 1988）に詳述されている。

エッセネ派仮説に対する強力な反論は、Steve Mason, "Essenes and Lurking Spartans in Josephus' Judean War: From Story to History," in Zuleika Rodgers, ed., *Making History: Josephus and Historical Method*（Leiden: Brill, 2007）, 219-61 によって行われた。

私自身による議論の評価については、John J. Collins, *Beyond the Qumran Community*, 122-65 を参照。

死海文書における女性たち、また現代の学界においてこの話題が無視されていることについては、Eileen Schuller, "Women in the Dead Sea Scrolls," in P. W. Flint and J. C. VanderKam, eds., *The Dead Sea Scrolls After Fifty Years: A Comprehensive Assessment*（Leiden: Brill, 1999）, 2:117-44; Sidnie White Crawford, "Not According to Rule: Women, the Dead Sea Scrolls and Qumran," in S. Paul, R. A. Kraft, L. Schiffman, and W. Fields, eds., *Emanuel: Studies in Hebrew Bible, Septuagint, and the Dead Sea Scrolls in Honor of Emanuel Tov*（Leiden: Brill, 2003）, 111-50 を参照。

第三章　クムラン遺跡

クムラン遺跡は、エリコから南に約一四・五キロメートル、エルサレムから東に約二一キロメートル、死海の北端近くに位置する。泥灰土の台地上にあって、西には岩の崖、東には平原が広がる。南にはワディ・クムランがある。この遺跡は、一九世紀の旅行者によって、近くに埋葬地があると書き留められており、墓のうちの一つが発掘されている。埋葬は、通常のイスラームの慣習である東西にではなく、南北に向けられていたと記録されている。岩をくり抜いた水路や階段状プールについても記載されている。遺跡には小さな要塞があったというのが支配的な意見であった。

死海文書が発見されたとき、それらが遺跡と関連することは即座には分からなかった。ドゥ・ヴォーは当初、遺跡はローマの要塞に付随するものと考えていた。彼とランカスター・ハーディングが一九五一年末にクムランで測量を行ったとき、彼らは建造物の質がローマの要塞としてはあまりに貧弱であると結論付けた。彼らは、ある部屋の床に、巻物が見つかったのと同じタイプの壺が埋め込まれているのを発見したことから、最終的には、死海文書はその遺跡に関連していると結論付けた。彼らはまた、陶器やオイルランプ、紀元前一〇年に年代付けられるコインを発見し、この遺跡はプリニウスによって書かれた死海の西にあるエッセネ派の居住地であったと結論付けた。この結論は、死海文書が当地に住んでいたエッセネ派の共同体の図書館であったという推論につながった。

ドゥ・ヴォーは、一九五三年から一九五六年にかけてこの遺跡の発掘を進めた。彼は、死亡した一九七一年の時点では、調査結果を完全には公刊していなかったが、彼の遺跡解釈の包括的な報告を一九五九年に「イギリス学士院のシュヴァイヒ講義」から出版し、一九六一年にはフランス語版、一九七三年には改訂英語版が出された[1]。彼のフィールド・ノートの総括は、一九九四年にジャン＝バティスト・アンベールとアラン・シャンボンによってフランス語で、二〇〇三年にステファン・ファンによって英語で出版された[2]。

居住の局面

クムラン遺跡は、鉄器時代（前八—七世紀）に既に居住されていたようである。それは、この時代の陶器片を含む灰の層によって示された。これらの破片の存在から、ドゥ・ヴォーは中庭を備えた長方形の建造物の見取図を再構成した。その見取図は、ユダにある他の要塞に似ていたことから、これも要塞であったと考えられた。ドゥ・ヴォーは、発見された大きな円形の水槽を、そこに鉄器時代の陶器は含まれていなかったものの、鉄器時代のものとしている。要塞は給水設備を有していたはずであり、この水槽は、円形という点で、他のすべてとは異なっていた。遺跡をめぐるこのドゥ・ヴォーの解釈は、議論の的とはならなかった。この地が軍隊の要塞ないし監視のために適切な場所にあったことが示された点がもっぱら重要だった。

バビロニア捕囚の後、この地は数百年にわたって誰も住まない場所であったが、ヘレニズム時代に再居住された。このヘレニズム時代の居住に特徴的なのが、北側の堅固な塔、集会のために設計されたいくつかの大きな部屋、精巧な給水施設である。正門は北側の真ん中、塔のちょうど北側にあった。一本の通路が遺跡を二つの部分に分けていた。通路の東には本館があり、北西の角に塔を伴っていた。本館は、野外の中庭を取り囲むいくつもの部屋から構成されており、南の最も大きな部屋は、集会場と見なされた。それに隣接していた食器室からは、一〇〇〇を超える皿が見つかり、大きな部屋は会食室ないし食堂としても機能したことを示していた。一つの水路が、崖から雨水を集めて、いくつかの水槽やプールに運んだ。いくつかのプールには階段があり、そのうちのいくつかには仕切りが設けられていた。このことは、それらが清めのための浸水プール（ミクヴァオート）であったことを強く示唆している（仕切りは、プールへと下る者とプールから上る者の足場を分けるためのものだった）。いくつかのインク壺やテーブルの断片が上階から落下したようにして見つかった。ドゥ・ヴォーは、それらは巻物が書き写された写字室から落ちて来たものであるとの仮説を立てた。陶器類の証拠もあった。建造物には、一〇〇〇基以上からなる大きな墓地が隣接していた。一つの長い壁が約一四〇メートルにわたって南北に走っており、壁の西は居住区、東は墓地であった。この壁の約三分の一は建造物に接しており、残り部分は自立していた。クムランの約八〇〇メートル南には、アイン・フェシュカの泉の傍に別の建造物があった。死海の海岸に沿って五五〇メートルにわたって所々途切れながら発見された別の壁は、クムランとアイン・フェシュカを結んでいた。

ドゥ・ヴォーは、クムランの部屋のうち、居住に適していたのはごくわずかで、大半は共同体の活動のために使用されていたと考えた。それにもかかわらず、近くの墓の数は、常に二〇〇ほどの人口がいたことを示唆していた。墓の数と建造物に収容できた人の数との間には、明らかな相違があった。ドゥ・ヴォーは、指導者の幾人かはここに住んでいたかもしれないが、住民の大部分は建造物の外に住んでいたに違いないと推測した。彼は、崖にある天然の洞穴と、泥灰土の台地にある人工の洞穴を区別した。洞穴の中では縄や敷物の残骸、その他の人為物が発見されており、そこに人が実際に住んでいたことを示している。一部の住民は、小屋の天幕に住んでおり、アイン・フェシュカ近くの農場からの支援を受けていたのかもしれない。人々の一部が洞穴に住んでいたというドゥ・ヴォーの仮説は、後に一九九〇年代になってイスラエルの考古学者マゲン・ブロシとハナン・エシェルによって論証された[3]。しかしながら、一部の考古学者たちは、なおもこの意見に対して懐疑的である。洞穴に住んでいたメンバーは、公民館での深夜にまで及ぶ勉強会の後、どのように自分たちの宿泊所に戻ったのだろうか。すべてのメンバーが建造物、おそらく上層階に住んでいたと仮定する人は、はるかに少ない人口、ある場合にはわずか一〇人から二〇人を見積もらなければばならない。しかしその場合、墓地の規模の大きさを説明することは難しい。

ヘレニズム・ローマ時代の遺跡

ドゥ・ヴォーは、ヘレニズム・ローマ時代の居住を三つの期間に区分し、最初の期間を更に二つに分けた。

第Ia期　短期間の最初の集落。ドゥ・ヴォーはこれをヨハネ・ヒルカノス（前一三五／四―一〇四年）あるいは彼の前任者の時代に年代付けた。

第Ib期　決定的な形を取った期間。この期間は破壊によって終わる。この時代の建造物は、アレクサンドロス・ヤンナイオス（前一〇三―七六年）の時代には間違いなく存在しており、ドゥ・ヴォーは、ヨハネ・ヒルカノスによって建造されたかもしれないと主張した。

第II期　紀元後六八年の破壊に至るまでの初期ローマ時代の再居住。

第III期　ローマ人による短期間の居住。

この再構成された遺跡の歴史には、第Ib期および第II期の終わりの破壊層による断絶があった。

それとは別に、ドゥ・ヴォーは陶器の類型学や、発掘の過程で発見されたコインを手がかりとした。彼がクムランを発掘した際には、キャスリン・ケニヨンがエリコで使用していた、ケーキの層のようにレベル（*level*, 発掘されている水平面の高さ）ないし地層を慎重に区別する層位学的分析に従わなかった。彼は一つの部屋ないしローカス（*locus*, 発掘されている目下の区域）について、レベルが変わっても番号を変更せず、発掘の始めから終わりまで同じ番号を用いた。ケニヨンはこの点において、少なくともパレスチナの考古学の分野では先駆者であった。層位学的方法は、この一〇年ほど後になって、ようやく標準となった。イガエル・ヤディンが一九六〇年代にマサダを発掘したときにも、ドゥ・ヴォーがクムランで行ったのと同じように、異なる層位を区別せずにローカスを設定した。この点で、ドゥ・ヴォーは例外ではなかったが、彼の方法は後に時代遅れとなる。

ドゥ・ヴォーによる遺跡の解釈に概ね従うジョディー・マグネスは、彼の言う第Ia期が本当に存在したか疑問視している。これを支持する明確なコインないし陶器はない。ヨハネ・ヒルカノス（前一三五／四―一〇四年）のコインが一一枚見つかったが、コインはしばらくの間は流通するのが普通である。遺跡で発見されたコインの最大数（一四三枚）は、アレクサンドロス・ヤンナイオスの時代のものである。その結果、マグネスはドゥ・ヴォーの第Ia期を廃し、遺跡への居住年代を早くとも紀元前一〇〇年に引き下げ、それは紀元前五〇年頃にまで下り得るとした。(4)

ドゥ・ヴォーは、考古学の結果を、死海文書における宗派が活動していた年代についての新たな合意と調和させようとしていたと思われる。『ダマスコ文書』は、宗派についての概要的な歴史から始まっている。「かれが彼らをバビロンの王ネブカドネザルの手に渡した三九〇年の怒りの時代に、かれは彼らに臨んで、かれの地を継承するよう、イスラエルとアロンから苗木の根を成長させた……彼らは自らの不義を悟り、自分たちが罪人であることを知った。しかし彼らは二〇年間盲人のようであり、道を手さぐる者のようであった」（CD 1:3-11）。その後、神は彼らを憐れみ、彼らのために「義の教師」を起こした。捕囚が紀元前五八六年に年代付けられるとして、これらの数字を文字通りに受け取るならば、宗派は紀元前一九六年に始まり、「教師」は二〇年後に宗派に来たことになる。三九〇という数字は『エゼキエル書』四章5節から採られたものであり、このような形で正確な計算を行えないことは誰しもが認めるものである。それにもかかわらず、これらの数字は宗派がその起源を紀元前二世紀に持つことの証拠として受け取られた。その後、「手さぐりの時代」は、ハシディームの時代に対応していると主張された。ハシディームは、マカバイ王朝への支持に積極的で、エッセネ派が出現した基盤としてしばしば主張されていた。更に、『ハバクク書ペシェル（注解）』（最初に発見された巻物の束の一つ。本書の第一章を参照）は、「教師」と、明らかに大祭司であった「悪しき祭司」との間の闘争について語っている。これは、大祭司職をめぐる論争ゆえに、宗派が社会から離脱したという更なる推測につながった。紀元前一五二年、戦闘で殺されたユダ・マカバイの兄弟のヨナタン・マカバイは、伝統的な大祭司の家系ではなかったが、大祭司職に就いた。『共同体の規則』の中で、宗派を表すのに用いられている「ツァドクの子」という呼称は、大祭司の家系を指すもので、クムラン宗派がエルサレムから追放された祭司によって設立されたことを示していると考えられた。J・T・ミリクは、「悪しき祭司」とはヨナタンのことであると提案した。フランク・ムーア・クロスは、その一〇年後に大祭司となったヨナタンの兄弟シモンの方を選択している。クロスによる選択は、コインの証拠ゆえに、クムラン設立の年代をヨハネ・ヒルカノスの時代のはるか前に追いやることの困難さに一部起因していた。しかしながら、ミリクの説の方が優勢となり、紀元前一五二年は、クムラン居住地の設立年代として、さも確実な事実であるかのようにしばしば言われた。これはいずれも全く確たるものではなく、時間が経つにつれてすべてが挑戦を受けることになるが、幅広い学者たちがこれを支持し、半世紀にわたる合意がこの分野を支配していたのである。

ドゥ・ヴォーは、考古学的な証拠に基づいて「教師」や「悪しき祭司」の同定を確立することはできないと認めたが、次のように論じている。「考古学は年代学的な枠組みを提示する。そしてそれにより、可能性のある仮説は、ある程度限定される[5]」。これは、一般的な意味では正しい。すなわち、この遺跡は明らかに、紀元前一世紀の大半と、ユダヤ人の反乱の時代に至る紀元後一世紀の間は居住されていた。しかし考古学的な証拠の解釈もまた時として、テクストに基づく学術的な仮説の影響を受けた。ドゥ・ヴォーによる第Ia期、あるいは少なくとも、考古学的な記録を宗派の起源をめぐる支配的な仮説と両立させようとする年代付けは、その一例であろう。

遺跡の建造物は二度の破壊に襲われた。一度目の破壊は、ローマ軍の手によるものだった。これは紀元後六八年に年代付けられ、ローマに対するユダヤ人の最初の反乱の過程で起こった。一度目の破壊については、若干の議論の余地がある。ドゥ・ヴォーは、地震による破壊の証拠を発見したが、火災による破壊も発見した。ヨセフス（『ユダヤ古代誌』15.121-47、『ユダヤ戦記』1.370-80）は、ヘロデ大王の七年目（紀元前三一年）の大地震を報告している。ドゥ・ヴォーは、これが当該の地震であり、火災は地震が原因であったと考えたが、証拠は確定的ではなかった。他の可能性も主張されてきた。この遺跡は、紀元前四〇―三九年にこの地域に侵入したパルティア人によって焼き払われたのかもしれない。ずっと後の時代には、別の地震が確認されている（紀元後三六三年、七四九年）。地震による被害は修繕されていないため、この地震は、遺跡がもはや居住されなくなっていたときに発生したと考える方が単純かもしれない。

いずれにせよ、この遺跡には、紀元前一世紀のしばらくの期間、誰も住まなかった。火災による灰層の上にある堆積物から見て取ることができるように、給水設備は崩壊していた。ヘロデ統治時代のコインが一〇枚のみ発見されたことから（その後、更に一枚増えた）、ドゥ・ヴォーは、ヘロデ統治時代の大半、約三〇年間、遺跡は空閑であったと結論付けた。第II期の下方、第Ib期の上方には、三つの壺の中に貯蔵された五六一個の銀片が見つかった。貯蔵されていたコインの中で最も年代が新しいのは、紀元前九／八年のものである。ドゥ・ヴォーは、遺跡に誰も住んでいなかったとき、または再居住されたときに貯蔵物が埋められたと主張した。この再構成は、ジョディー・マグネスによって疑問視された。彼女は、遺跡が放棄されたときに埋蔵された可能性がより高いと推測する。彼女はまた、どれほどの期間にわたって遺跡が居住されないままであったかを推測している。

彼女の見解では、この遺跡はおそらく、最も新しいコインの年代である紀元前九／八年の直後に破壊された。それはもしかすると、紀元前四年にヘロデ大王が死亡した後の大混乱の間だったのかもしれない。[6] この再構成に基づくならば、ヘロデ統治時代のコインがわずかなのは意外である。

遺跡が放棄された時期は、重要になり得る。何人かの学者たちが、紀元前一世紀の間に、居住者たちが入れ替わった可能性があると主張しているからである。

遺跡の放棄および再居住の年代は、ドゥ・ヴォーの第II期の始まるを定める。紀元後六八年ないしその前後のローマ人によるこの遺跡の破壊に対して異論を唱える人はいない。

遺跡をめぐる諸解釈

ドゥ・ヴォーによる遺跡の解釈は、その場所が死海文書、特に『共同体の規則』（1QS）に記述された宗派共同体の拠点であったという想定から導き出された。その共同体は、後代のキリスト教の修道院と顕著な類似点を持っていた。ドゥ・ヴォーは、遺跡を修道院と呼ぶことは避けたが、いくつかの部屋を名付けるのに、キリスト教の修道院生活のラテン語を借用している――食器室の近くの大きな部屋は「食堂」（refectory）、インク壺やテーブルが落下した階上の部屋は「写字室」（scriptorium）と呼ばれた。プールの多くは、宗派の浄めの儀式に使われたと解釈された。より謎めいた発見の一つが、大きな陶器の破片の間、あるいは時として建造物の狭間や周囲に置かれた瓶の中で見つかった獣骨であった。ドゥ・ヴォーは、祭壇と解釈できるものは見つけなかったものの、これらは犠牲の食事の残りであったかもしれないと考えた。いずれにせよ、これらの堆積物は、主室で食された食事のいくつかが宗教的な重要性を持っていた明確な証拠であると結論付けられた。しかしながら、他の解釈も考え得る。普通の食事で出た骨が、ゴミを漁る動物を引き付けないように埋められたのかもしれない。

大半の学者たちは、遺跡のこの解釈に説得力があると見なした。フランク・ムーア・クロスは次のように書いている。「鋤とこてで掘り出されたこれらすべての詳細は、エッセネ派について語る古典的なテクストや巻物自体から読み取ることができる共同体の生活をはっきりと示している」[7]。一九九七年、死海文書の発見五〇周年のために、イスラエル博物館は「クムランの日」と題する展示会を催したが、それはこの遺跡がエッセネ派の居住地であったとの想定に完全に基づいていた[8]。ドゥ・ヴォー以降、クムランの考古学の最も影響力ある解釈者であるジョディー・マグネスは、遺跡を宗教的な居住地とするドゥ・ヴォーの解釈を強く肯定する。

しかし、一九八〇年代に入ると、反対意見が出始める。続く一〇年ほどで、死海文書を参照せずに遺跡を説明するいくつかの試みが行われた。ドゥ・ヴォーが残した資料のいくつかを出版する準備の補助のために招かれたベルギー人の考古学者、ロバート・ドンシールとポリーヌ・ドンセル＝ヴートは、クムランは田舎の別荘（*villa rustica*）または田舎の地所であると主張した[9]。彼らが重視したのは、ガラス断片やその他の物品であり、彼らはそれらを贅沢の尺度を示すものと解釈した。大半の学者たちは、乾燥したユダの砂漠地帯にある死海沿岸の豪華な別荘という考えは滑稽であると見なしたが、他の幾人かの考古学者たちはこの考えに利点を見出した。当初は遺跡を要塞であったと見ていたイツハル・ヒルシュフェルトは後に、それは田舎の地所の中心、ローマの田舎の別荘の地方版であったと主張した。[10] 彼はドンシールと同じく、ガラスやいくつかの精製土器の存在を重視したが、明らかにその量は少なかった。彼の見解では、ヘロデ時代のクムランの最も顕著な特徴は、陶工の工房、葡萄圧搾、粉ひきなどの工業施設であった。彼は、要塞化された塔を伴う建造物は、ヘロデ時代のパレスチナにおける他の邸宅に類似すると主張した。

ドゥ・ヴォーのエコール・ビブリクの後継者であるジャン＝バティスト・アンベールは、クムランの居住地は田舎の別荘よりも都市の家屋（*domus*）に似ていると見たものの、これを「ポンペイの別荘を連想させるもの」と考えた（アンベールはそれにもかかわらず、紀元後一世紀に居住したのはエッセネ派であったと信じた）。[11]

しかしながら、他の学者たちが重視したのは、遺跡の貧弱さであった。マグネスは、陶器が平凡でどれも同じようなものであると見なす。精製土器は稀であるか、あるいはほとんど出土していない。マグネスは、クムランを、ヒルシュフェルトが提示した邸宅と徹底的に比較した。[12] それらのうちのいくつかは、クムランのものと似た塔を有していた一方で、死海近くの遺跡にはない暖房システムを伴うローマ様式の浴場、モザイク、アンフォラなどのさまざまなローマ的な特徴も備えていた。クムランが別荘であったとすれば、それは非常に貧弱なものだった。更に、別荘とのいくつかの類似点は、宗教的な居住地とは両立しないというのがアンベールの認識であった。いくつかの贅沢品の存在もまたそうである。中世のキリスト教の修道院は、修道士たちが清貧の誓いを立てていたにもかかわらず、しばしばかなり裕福であった。宗教的な居住地はまた、作業場、陶窯などを持っていたかもしれない。修道士であっても、自活しなければならないからである。

一九九四年、二人のオーストラリア人学者たちが、クムランは交易拠点または商隊貿易の中継地であったと主張した。[13] 彼らは、死海には重要な商業交通があり、その西海岸に沿って主要な交易路があったと信じた。大半の学者たちは、この見解には最善でも誇張があると考えている。死海の水位は、古代にはもっと高く、クムランの南にあるラス・フェシュカの下に道路が通る余地があったとは考え難い。クムランが孤立した場所であったと想定する必要はなく、エリコから、あるいはエルサレムからもそう遠くは離れていなかった。しかし、この遺跡が中心都市だったことはほぼない。

一九九六年から二〇〇二年にかけてクムランで発掘を指揮した著名なイスラエル人の考古学者イツハク・マゲンとユヴァル・ペレグは、クムランは（当初は軍の要塞であったが）、主として陶器工場であったと提唱した。[14] 階段状のプールを伴う精巧な給水施設の主な目的はおそらく、陶器の粘土を供給することであった。この主張の根拠は、最大の貯水池に厚い粘土の層が含まれており、彼らがそれを「高品質の陶器の粘土」と記載したことにあった。残念ながら、彼らはこの主張を行う際、陶器工場がどのようなものであったかを示す並行例を示していない。また、敷地内の陶器がプールから採取した粘土で作られたという証拠も提示していない。事実、分析された容器の約半数は、エルサレムの粘土から作られたもののようである。マグネスは、破損の危険性の問題から、陶器をクムランから他の場所に運ぶのは難しいと主張する。しかし、いずれにせよ、クムランが陶器製造のために設計されたという提案は、これを支える証拠がなければ、真剣に取り上げることはほとんどできない。この仮説では、隣接する洞穴内の巻物だけでなく、隣接する墓地を説明することも困難である。

クムランを宗教的な遺跡とする解釈に対して提案されてきたさまざまな代案のうち、これまでで最も妥当なものは、それが軍事要塞であったとする見解である。捕囚以前の時代、遺跡に要塞があったことにはすべての人が同意する。これはローマに対する戦争において、ローマ軍によって破壊された。ドゥ・ヴォーは、紀元後六八年の破壊後に、ローマ人がそこに駐屯地を維持したと考えた。この遺跡からは、ヨルダン川河口からラス・フェシュカまでの死海西岸の全体を見渡すことができるため、彼はこの遺跡の戦略的な価値を指摘している。[15] クムランの遺跡は、要塞化されているのは塔だけであり、明らかにその種の要塞ではない。しかしこの遺跡は、見晴らしの良い場所としての軍事的な価値を持っていたであろう。

更に、ハスモン朝時代には、死海地域に一連の要塞があった。それらは、ヨハネ・ヒルカノス（前一三五―一〇四年）、アリストブロス（前一〇四―一〇三年）、アレクサンドロス・ヤンナイオス（前一〇三―七六年）の治世に建てられ、北はアレクサンドリオン・サルタバとエリコ近くのドク、南はマサダに至る。キプロス要塞は、エルサレムへの主要な道を守った。クムラン南の死海には、要塞化された船渠があった。ヒュルカニアは完全な内陸ではなく、ベツレヘム南東にあるヘロディオンからもそれほど遠くはなかった。死海対岸には、アレクサンドロス・ヤンナイオスがナバテア人に対する防衛のために建てたマカエラスがあった（死海地域の地図を参照）。要塞に囲まれた地域の中で、戦略的な価値の高くない場所であったとしても、一般に敵対的であると思われていた宗派的な人々がそこに居住することを、ハスモン朝の王たちが認めたとは信じ難い[16]。この問題は、ハスモン朝の崩壊をもたらした紀元前六三年のローマによる征服後にはなくなる。

すると問題になるのは、遺跡はハスモン朝時代の要塞であったのかもしれないが、ローマによる征服後に他の用途に転用されたのかということである。何人かの考古学者たちは、事実、そのような筋書を提案している（ヒルシュフェルト、マゲン、ペレグ、そして最近ではロバート・カーギル[17]）。大抵これらの学者たちが指摘するのは、北西の角に塔を伴う建造物複合体の中央にある正方形の構造である。彼らは、この正方形の構造が遺跡の元来の核であり、それが要塞であったと考える（これは本質的に、古い鉄器時代の要塞に相当する）。他の建造物は、これから外に向かって展開したという。この推論は、元来の建造物が一貫した計画に従っていたと想定する。既に指摘したように、ドゥ・ヴォーは、その後に標準的となった層位学的方法に従わなかった。明確な層位の証拠がなければ、建造物が建設された順序に関する議論は、たとえ魅力的に見えるとしても、仮説に留まる。しかしながら、ドゥ・ヴォーもまた、この遺跡がヘレニズム時代に再居住されたとき、古い鉄器時代の要塞に沿った小さな構造として始まり、第二局面（第Ia期）には拡大されただけであったと考えたことは注目に値する。

死海文書が遺跡に由来すると考えるか否かは、明らかに大きな違いを生む。大半の学者たちは、洞穴が遺跡に近いところにあるのは単なる偶然ではなかったと考えている。これは特に、第四洞穴と泥灰土の台地上の他の洞穴について当てはまる。これらの洞穴に巻物を入れた人々は、居住地を通らずに、それを成し遂げることはほぼできなかった。必ずしもすべての巻物がクムラン共同体の図書館に属していたと考える必要はないものの、死海文書を隠した人々とその遺跡に住んでいた人々の間の友好的な関係は不可欠だった。大半の学者たちは従って、この遺跡は、ドゥ・ヴォーの第II期、すなわち紀元後一世紀には、破壊の時に至るまで、宗教的な居住地であったと見ている。

この遺跡が宗教的な居住地であったことの主な議論は、洞穴が遺跡に近接していることに加えて、浄めのための浸水プールであるミクヴァオートとして最も合理的に解釈される階段状のプールの数に基づく。砂漠の中という位置を考えれば、給水施設がこの遺跡の顕著な特徴であることは驚くに値しない。階段のない大きなプールが三つあり、これらのプールは、乾期に住民や彼らの家畜のために十分な水を貯蔵していたと推定される。他に一〇個（計一六個のうち）のプールがミクヴァオートとして同定されている。そのうちのいくつかには、浄いものを不浄なものから分離するための小さな仕切りが階段に付いている。これらのプールは同時代のミクヴァオートよりも大きいが、この事実は、砂漠という位置や共同体の規模から説明できる。それらは遺跡の約一七％を占めている。エルサレムにおける神殿の丘の門の近くにあるいくつかの民家では、ミクヴァオートが敷地の約一五%を占めていたが、これはおそらく神殿地区で非常に多くの祭司たちが使用するためであった。砂漠の中という位置で同じような割合であることは全く別の問題であり、清浄に大きな関心を払う宗教的な共同体が遺跡の住人でなければ、説明は困難であろう。この時代のユダにおける領主の館はどれ一つとして、同等な割合のミクヴァオートを備えていなかった。

これらのミクヴァオートのうちのいくつかが、地震の前に建設されたことは明らかであるが、この地震が紀元前三一年のものと同定されたとしても、それはローマによる征服の三〇年以上も後のことであった。それらがローマが到来する前の居住地の一部であったかどうかは分からない（事実、ジョディー・マグネスは遺跡への再居住の年代を紀元前一〇〇―五〇年とするが、ローマによる征服以前には、全く居住されていなかった可能性を認めている）。この遺跡がハスモン朝時代には要塞であったというのは、単なる仮説でしかない。しかしそれと同じように、これが最初から宗教的な居住地であったという一般的な見解も仮説である。ここでは、ドゥ・ヴォーがまだ層位学的方法の有難味を知らなかったという事実の結果に苦しめられる。遺跡が二〇年ほど後に発掘されていたならば、状況はおそらく異なっていたであろう。しかしながら、この遺跡が紀元前一世紀に、異なる集団によって居住されていたことを示す明確な考古学的な証拠を誰も見つけていないということは指摘しておくべきである。ある期間から別の時期にかけて陶器や他の人為物の種類が変化したことを示すものはない。

墓地

遺跡に隣接する墓地は、それ自体で一連の問題を提起している。ドゥ・ヴォーは約一一〇〇基の墓を同定した。後の計算によってわずかに変わるが、墓は少なくとも一〇五〇基ある。厳密に言うと、墓地は三つある。すなわち、一つは遺跡の東にある主要なもの、一つはワディ・クムランの南にあるもの、一つはそこから北に徒歩約一〇分の所にあるものである。主要な墓地の中で最も大きいのは西側部分で、遺跡にきわめて近い。そこから四つの拡張部分が、指のように東に広がる。ドゥ・ヴォーが発掘したのは計四三基の墓で、主要な墓地で二八基、拡張部分で九基、北の墓地で二基、南の墓地で四基である。その後、一九六七年にソロモン・ステコールによって、更に一〇基の墓が発掘された。これらはすべて、堆石で覆われた単純な竪穴式墓であった。大半のものには副葬品はなかったが、少数のものは陶器の破片、木製の棺の残骸、宝飾品を伴っていた。対照的に、この時期の大半のユダヤ人は、家族墓に埋葬された。一部の学者たちは、クムランの墓地が特に独身宗派に適していたと推測している。しかしながら、竪穴式の個人墓は、他の多くの遺跡で発見されている。それらのうちのいくつかは、死海南東のヒルベト・カゾーンにある巨大なナバテア人の墓地、そしてクムラン南のエン・エル・グウェイルを含めて、死海地域にある。竪穴式墓は、エルサレムや、その他いくつかの場所でも発見されている。ヒルベト・カゾーンの墓地は、この埋葬様式がユダヤ教の宗派の独特な習慣ではなく、地域的な現象だった可能性を示している。しかし、地域の習慣に従ったある特定の実践の事実は、それがユダヤ教の宗派に採用されなかったことを証明するものではない。

ノーマン・ゴルブは、墓地は「明らかに、クムランにて戦った戦士の墓として解釈する方がより良く」、規則的な列は、すべての墓が一度に掘られたことを示していると論じた。(18) しかしこれには、記録にはない当地での大規模な戦闘があったと想定する必要がある。更に、ユダヤ人はおそらくその戦闘に敗北したのであろう。するとその敗北後に、秩序ある方法で死者を埋葬したのは一体誰なのか考えねばならない。ユダには、要塞に隣接した墓地の並行例は見つかっていない。

墓地の中で、最も議論が交わされている問題は、女性の遺骨が存在するということである。ステコールが後に発見したものを含めて、発掘によって五八体の遺骨が得られた。当初の研究では、これらのうちの一一体が女性であり、六体が乳児であると同定された。これらの数字は、後に若干修正された（二〇〇〇年後に女性と男性の遺骨を区別することは容易ではなく、同定はしばしば遺骨の大きさと比率によって決まる）。修正された推定では、女性の遺骨の数が一三ないし一四に増えた。しかしながら、これらの遺骨のいくつかは古代のユダヤ人女性ではなく、葬られてから二〇〇〇年も経っていないベドウィンである可能性もあることから、事態は複雑である。女性の遺骨を伴う三つの墓には、宝飾品が含まれていた。墓地にある大半の墓は南北に向いていたが、他のいくつかのものは東西に向いていた。更に、女性の墓のいくつかは、墓地の主要な部分ではなく、拡張部分にあった。

主要な墓地で発掘された遺骨の少なくとも二つないし三つが女性であることには誰もが同意する。発掘された墓のサンプルは小さく、またユダヤ人の墓の発掘は、正統派ユダヤ教の人々の反対ゆえに、現代イスラエルでは大きな論争を引き起こす問題であることから、より大規模な発掘は現実的ではない。クムランには女性がいた可能性が高いと思われるが、その数は不均衡なほどに少なかった。

プリニウスは、死海近くのエッセネ派の居住地についての彼の記述の中で、住民は「女なしで」住んだと主張した。一部の学者たちは、女性の遺骨の存在がエッセネ派仮説を否定していると考えた。しかし、これは妥当な立場ではない。修道士が間違いなく独身の宣言をしたとはいえ、キリスト教の修道院の墓地には、しばしば女性の埋葬地が含まれている。女性たちは料理や清掃を担当したのかもしれないし、修道士の親戚であったかもしれない。ヨセフスからは、エッセネ派の中には結婚する者がいたことが知られている。ここでは、他の多くの問題と同様に、考古学の証拠は確定的ではない。

墓地は、遺跡の東約三六・五メートルに位置している。この距離は、住居を埋葬地から分離するラビの要件を最低限に満たしている。いくつかの墓はもっと近くにあった可能性がある。地中レーダーで検出された墓の中には、一〇メートルも離れていないものもあるが、それらは発掘されていない。死海文書における清浄の大きな強調に照らせば、墓地から遺跡までの距離は意外である。さまざまな説明が行われてきたが、すべて推論である。宗派は神殿祭儀を否定し、死体の穢れを除去する儀式的な手段を持たなかったため、それについて心配する必要がなかったのかもしれない。あるいは、この宗派では、宗派の人の死は、他の死体のような穢れではないと信じられていたのかもしれない。墓地は、壁によって建造物からは分離されていた。それにもかかわらず、墓地が隣接していることは、クムランが宗教的な、エッセネ派の清浄にこだわった居住地であったと主張する人々にとっては悩みの種である。もう一つの悩みの種は、居住地の中にトイレが発見されたことである。『神殿の巻物』は、トイレが陣営の外三〇〇〇キュビト（約一三五〇メートル）になるよう求めている。これは、安息日に歩くことが許されていた距離以上のものであり、ヨセフスは偶然にも、エッセネ派が安息日に排泄することはなかったと述べている（『ユダヤ戦記』2.147）。しかし、居住地の清浄を脅かすこれらの明白な危険は、エッセネ派仮説にとって問題ではあるが、他の意見においても慎重に検討されなければならない事柄である。居住地の横にある巨大な墓地は、遺跡が要塞あるいは別荘であったとする理論にとってはより大きな問題である。それらの場合、墓の数を説明することが、不可能ではないにしても、難しいからである。

クムランはエッセネ派の居住地だったのか

『共同体の規則』に記述されている宗教共同体がエッセネ派であるという仮説は、一つにはプリニウスによる、死海の西にあるエッセネ派共同体についての言及に基づく。この注記は、クムランがエッセネ派の居住地であったか否かについての議論でも大きな位置を占めてきた。プリニウスは、エッセネ派の位置についてはあまり具体的ではなく、彼らが死海の西に住んでいて、「自分たちと不浄な海岸との間に必要な距離を置いている」と述べている。彼は続けて、「彼らの下（infra hos）にはエン・ゲディ」があると言う。プリニウスの記述は北から南へ進むことから、大半の学者たちはこれを、エン・ゲディがエッセネ派の南にあることを意味すると捉えてきた。しかしながら、要点は相対的な標高であると考える人もいる。イツァル・ヒルシュフェルトは、エン・ゲディ上方の崖の上に「隠遁者たち」の居住地の証拠を見つけたと主張したが、他の人々は、当該の遺跡は農業施設の痕跡ないし羊飼いの小屋であるとしてこれを却下した。[19] 死海文書の発見以前は、プリニウスの記述がクムランの特定の地域を示唆するものとして解されることは決してなかった。彼は特定の場所を念頭に置いてはいなかったとさえ主張されることもあった。しかし、場所がエン・ゲディと関連付けられていることから、それは有り得ない。死海文書が発見された洞穴に隣接して、浄めのためのプールを数多く備えたクムランの共同体の居住地と見られるものが発見されたのは、大半の学者たちにとって、偶然と呼ぶには出来過ぎなことであったと思われる。

クムランをエッセネ派の居住地とする同定は、引き続き圧倒的な同意を得ている。これは、いくつかの問題、あるいは少なくとも墓地の近接などの意外な要素はあるものの、あらゆる代案にまさるものである。この地域においてハスモン朝時代の要塞が突出して多いことに鑑みるに、この遺跡はハスモン朝時代、要塞であったと考えられる。しかしここでも、明確な考古学的な証拠を欠く。

この遺跡に最初に居住したのはエッセネ派であったが、それはハスモン朝の力が消滅した後のことだった可能性もある。この遺跡が、後に標準的となった層位学的方法で発掘されなかったこと、またドゥ・ヴォーが自分の発見を全面的に発表しなかったことは残念である。

死海文書を隠した人々がクムランに住んでいた、あるいは少なくとも住人と関係があったということを受け入れるならば、死海文書が隠された時、この遺跡は宗派の居住地であったという結論は不可避である。この結論に反対する学者たちは、通常、死海文書に関係なく遺跡を解釈すべきであると主張する。しかしながら、洞穴のいくつかが遺跡に近接していることを踏まえると、特に第四洞穴の場合には、このような学問的な固執は見当違いである。この遺跡を解釈する際に、死海文書を考慮に入れないわけにはいかない。事実、死海文書は、そこに住んでいたかもしれない共同体を示唆することによって、この遺跡の解釈に貴重な光を照らす。反対に、この遺跡は、共同体のものとして理解しうる物理的な文脈を提供することによって、死海文書にいくつかの光を照らす。この遺跡からは、住民が儀式的な浄めに大いに関わっており、従っておそらくは宗教的な共同体であったと推測できるし、まさにそうすべきである。しかしながら、遺跡だけでは、共同体をエッセネ派に、あるいは『共同体の規則』に記されている特定の共同体に同定することは難しい。テクストなしでは、考古学は示唆的であっても、決定的であることはほぼない。

エッセネ派仮説は遺跡の解釈に浮沈がかかっているとの思いから、クムラン遺跡に関する議論はしばしば熱を帯びた。しかしながら、それは適切ではない。たとえクムランに居住したのがエッセネ派の共同体ではなかったとしても、巻物がおそらくエッセネ派の一つないし複数の共同体について記述していることはあり得る。しかし、遺跡の解釈について活発な議論が行われることは無駄ではない。長い間、クムランは荒野の中の孤立した場所で、その居住者は外界から完全に切り離されていたと考えられていた。しかし完全な隔離という考えは非現実的であり、クムランの住民は、この地域における他の人々とさまざまな種類の商業関係を結んでいたことが今では明らかになっている。クムラン出土の陶器とエリコ出土の陶器との類似性は、そのことを示す適切な事例の一つである。埋葬の習慣さえも、死海地域の地方習慣による影響を受けていたかもしれない。更に、住民が本当にエッセネ派であったとすれば、彼らがユダにおける他の多くの地域社会と関係していたことを予期すべきである。クムランはエリコの近くにあり、エルサレムからもあまり離れていなかった。この遺跡が時として想定されていたように孤立してはいなかったということを認めさせるために、死海での活発な活動を想像する必要はない。それはエッセネ派仮説に対する反証などではなく、どんな宗教的な共同体が死海沿岸に住んでいたのかについての、より現実的な評価を求めているに過ぎない。

文献案内

クムランの考古学についての古典的な記述は、今なお Roland de Vaux, *Archaeology and the Dead Sea Scrolls* (London: Oxford University Press, 1973) である。これに続く最も影響力ある記述が、Jodi Magness, *The*

Archaeology of Qumran and the Dead Sea Scrolls（Grand Rapids, MI: Eerdmans, 2002）である。
ドゥ・ヴォーやマグネスに代わる最も重要なものが、Yitzhar Hirschfeld, *Qumran in Context*（Peabody, MA: Hendrickson, 2004）である。

意見の幅を示す重要な論文集が、Katharina Galor, Jean-Baptiste Humbert, and Jürgen Zangenberg, eds., *Qumran: The Site of the Dead Sea Scrolls: Archaeological Interpretations and Debates. Proceedings of a Conference Held at Brown University, November 17-19, 2002*（STDJ 57; Leiden: Brill, 2006）である。

最近の議論の評価については、Eric Meyers, "Khirbet Qumran and its Environs," in Timothy H. Lim and John J. Collins, eds., *The Oxford Handbook of the Dead Sea Scrolls*（Oxford: Oxford University Press, 2010）, 21-45; John J. Collins, *Beyond the Qumran Community*, 166-208を参照。

第四章　死海文書とキリスト教

死海文書は、紀元前後——ナザレのイエスの時代——のユダヤにおいて発見された、ヘブライ語やアラム語で書かれた初めての文学集成である。一般大衆が死海文書に引き付けられたのは、それらにイエスの経歴に関する、二〇〇〇年近く隠蔽されていた、あるいはおそらく抑圧されていた情報が含まれているかもしれないという期待によるところが大きかった。死海文書に携わる学者たちは、発見から一〇年ほどの間、それらと新約聖書の関連性ばかりに気を取られていた。公式の編集チームからユダヤ人の学者が除外されたことで、この時期の学者たちのバランスが取れていなかったことは間違いないが、これらのテクストが、西洋世界において支配的となった宗教の起源にどのような光を照らすかということに大きな関心が寄せられたのは必然であった。

学問的な議論の関心はさまざまに分析できる。新約聖書の学者たちは、キリスト教を、ユダヤ教の枠を越えて、異邦人、ヘレニズムの世界へと移ったときに決定的な形を取った運動と見なす傾向があった。従って、例えば、イエスが神の子ないしある意味では神でさえあったという信仰は、ユダヤ教の文脈では生まれ得なかったが、異教徒の環境では可能だったと考えられた。キリスト教の学者たちはしばしば、キリスト教の新奇さや特異さ、そしてユダヤ教という先例から離脱したことの大胆さを強調した。死海文書によって、この時代のユダヤ教に関するかなりの量の直接的な証拠に反するこうした想定を検証できるようになった。

死海文書の中に記された宗派的な運動と初代教会の間にいくつかの重要な類似性があることは、当初から明らかであった。どちらもメンバーの加入および除名のための規定を備えた団体であった。どちらも何らかの形で儀式的な浄めを行った。どちらも共同の食事、そして少なくともいくつかの場合には、共有物を持っていた。どちらも歴史の終わりが差し迫っているという強い終末信仰を持ち、メシアないしメシアたちの到来を期待していた。

何人かの学者たちは、これらの類似性を誇張する傾向にあった。極端な場合には、少数の学者たちによって、死海文書は「まさにパレスチナでキリスト教の起源となった運動の実像」、あるいはむしろ「キリスト教がパレスチナにおいて実際にどのようなものであったかの実像」を示していると主張された[1]。大半の者たちはこれよりも控えめだったが、イエスないし洗礼者ヨハネは死海文書を、あるいはそこに描かれている人々を知っており、彼らから影響を受けたかもしれないと常に期待していた。ある者たちは、死海文書と新約聖書の類似性に喜んで飛び付き、キリスト教は派生現象であり、その主たる見識は一世紀前の別のユダヤ教派によって予見されていたと推論した。またある者たちは、死海文書とキリスト教の連続点を、キリスト教がまさにヘレニズム的な混交主義の産物ではなく、当時のユダヤ教に根差していた証拠であると見た。キリスト教はすなわち、シナイ山に遡る神啓示の伝統の不可欠な部分、また聖書伝統の真正な継承であると見なされた。実際のところ、キリスト教はイエスに関して、歴史的な検証も反証もできない特定の主張（彼は死から甦ったのであり、特殊な意味で神の子であった）を受容すること、あるいは信仰することにかかっており、その正統性や真正性に死海文書が関係しているとは言い難い。学者たちは、キリスト教がユダヤ教の宗派として始まったこと、そしてユダヤ教の伝統から多方面で影響を受けたことを常に知っていた。しかし、キリスト教の真正性や独創性についての議論が、合理的な力よりもむしろ感情的な力を持っていたのと同じく、死海文書にはしばしば論理や合理性を超えた神学的な重要性が付与された。

イエスと「教師」、第一局面

死海文書と新約聖書との間の幅広い類比を論じた最初の学者が、アンドレ・デュポン＝ソメールである。彼はセム語学において広く知られたフランス人の専門家で、エッセネ派仮説を早い時期に擁護した一人でもあった。一九五〇年五月二六日、彼はパリでの「碑文アカデミー」におけるやりとりの中で、キリスト教が大きな成功を収めたエッセネ主義であり、エッセネ主義はキリスト教の先触れであったというルナンの有名な言葉を想起しつつ、次のように述べた。「今日では、新しいテクストのおかげで、紀元前六三年における『義の教師』の血で押印されたユダヤ教の新しい契約と、紀元後三〇年頃のガリラヤにおける『師』の血で押印されたキリスト教の新しい契約との間には、あらゆる側面から関係性が明らかになっている。キリスト教の起源をめぐる歴史には、思いがけない光が照らされている(2)」。

デュポン＝ソメールの見解は、一九四七年に発見された最初の死海文書の一つであった預言者ハバククの書のペシェルないし注解の解釈に大きく依存していた。この注解は、ポンペイウス率いるローマ軍によるエルサレム征服で最高潮に達する紀元前一世紀のユダヤにおける歴史的な出来事を参照して、ハバククの預言を解釈したものだった。これは、紀元前一世紀半ば、あるいはその少し後に書かれたに違いない。そこでは、『ダマスコ文書』にも登場する、「義の教師」と呼ばれる人物についても繰り返し言及されている。義人たちは、神が「教師」を起こして彼らを彼の心の道に導くまで、盲人のように彷徨っていた。『ハバクク書ペシェル』では、「教師」は預言者的な人物として現れる。彼には預言の真の意味が明らかにされ、彼の言葉は神の口から来たものであった。しかしながら彼は、ペシェルの中で「悪しき祭司」と呼ばれる当時の大祭司から受け入れられなかった。「教師」と「悪しき祭司」の対立は、第一一欄の中で論争の的になっている章句において述べられている。その章句は、『ハバクク書』二章15節を引用することから始まる。

災いなるかな、その隣人に酒を飲ませる者、その怒りをも混ぜ合わせて。
確かに彼は、彼らの祭を見ようとして、彼らに飲ませた。

これに注解が続く。

この意味は、悪しき祭司にかかわる。彼は義の教師を迫害し、彼を飲み込もうとした。その怒りの激しい憤りによって。彼の流刑の地において、休息の祭、贖罪日に、彼は彼らに現れ、彼らを飲み込もうとし、躓かせようとした。彼らの休息の安息日、断食の日に。

デュポン＝ソメールは、「飲み込む」という動詞が、ここでは「殺す」を意味すると主張した。彼はまた、「教師」は死後、「悪しき祭司」を飲み込むために現れると論じた。彼はこのようにして、「教師」とイエスの間に並行を見出した。イエスもまた、暴力的な死にさらされ、邪悪な者を滅ぼすために戻ってくると予期されたのである。

デュポン＝ソメールが記すに、「ユダヤ教の新しい契約のすべてが、キリスト教の新しい契約の道を予告し準備している。ガリラヤの『師』は、新約聖書の諸文書の中で示されているように、多くの点で『義の教師』の驚くべき生まれ変わりとして現れている(3)」。「教師」は、イエスと同じく、メシアであった。彼は非難され、死刑に処せられたが、最後の審判者として戻ってくる。それまでの間、彼は「教会」(church)も残した。これは監督ないし「主教」(bishop)によって指揮され、その必須の儀式は神聖な食事であった。

デュポン＝ソメールと同じように、少数の学者たちが相前後して、イエスと「教師」の間の類似性を見出した。しかしながら、「教師」が非難され死に至ったこと、あるいは彼が再びやってくると予期されていたことの証拠は、控えめに言ってもきわめて疑わしいものである。「飲み込む」が「殺す」を意味するというのは不確かである。また、ほぼすべての学者たちが同意するところによれば、「教師」の前に現れて、贖罪日の遵守を乱すのは、「悪しき祭司」である。デュポン＝ソメールは、その後の一〇年以上にわたって、いくつかの著作の中で自分の見解を擁護し、また修正も加えた。彼が主張するに、彼はイエスの存在ないし独創性を否定しようとは夢にも思っていなかった。しかし、彼が行った最初の講演とその後の著作を取り巻く注目の代償は高くついた。彼と彼の学生は誰一人として、ローラン・ドゥ・ヴォーが組織した国際的な編集チームに招待されなかった。彼にはその能力があったにもかかわらずである。更に、「教師」の死と、想定される復活をめぐる彼の特異な再構成は、その後の学界全体に何十年にもわたって影響を与えた。

デュポン＝ソメールはまた、半世紀以上にわたって学者たちを引き付け続ける別のテーゼを提示した。彼は、「教師」とイエスはいずれも、特に『イザヤ書』五三章に見られる「苦難の僕」という人物がモデルにされたと考えた。この人物については次のように言われる。

確かに彼はわれわれの病を担い、われわれの痛みを負った……
彼はわれわれの背きのために負傷し、
われわれの咎のために打ち砕かれた。
彼の受けた懲らしめによってわれわれに平和が与えられ、
彼の受けた傷によってわれわれは癒された（イザ五三4―5）。

デュポン＝ソメールが記すに、「原始キリスト教会は、預言者や救世主としてのイエスの使命を定義することで、『主の僕の歌』をはっきりと彼に適用した。その約一世紀前には、『義の教師』がこれを自らに適用した[4]」。この場合に彼が指摘したのは、詠い手が自らを「あなたの僕」と呼ぶホダヨトないし『感謝の詩編』のいくつかの章句であった。多くの学者たちは、これらの詩編あるいは少なくともそれらのうちの一群が、「教師」によって作られたものであると考えた。いずれにせよ、『感謝の詩編』の「教師」が「僕」をモデルにしているとしても、それが何を意味するのかは明らかではない。キリスト教の伝統では、イエスが「僕」であるとは、彼が苦しみ、称えられたということだけでなく、彼が他人の罪のために死んだということも意味した。ホダヨトにおける「僕」が、このように身代わりとして苦しんだ、あるいは彼が犠牲の死を被ったと考えられたかどうかは全く明らかではない。それでもなお、『イザヤ書』における「僕」の章句の影響は、依然として議論の的となる問題である。

デュポン＝ソメールの見解はその数年後に、ベストセラー本の文芸評論家エドモンド・ウィルソンによって、『ニューヨーカー』の記事に取り上げられた。鋭敏な観察者であったウィルソンは、デュポン＝ソメールの本における魅力の一つが、話題に上げられている指導的な人物たちについての素描にあると見た（彼は、ドゥ・ヴォーについて「典型的なフランス人司祭の従来の概念のどれにも似ておらず」、「激しいまでの流儀」を持っていたと記している）。[5] ウィルソンは、デュポン＝ソメールの見解には誇張があることを認識していた。それでもなお、彼が記すに、「死海文書から与えられた視点でイエスを見れば、ある新しい連続性を追うことができ、また最終的には、キリスト教においての最高潮に達するドラマのような感覚を得ることができる。……［クムランの］修道院は……おそらく、ベツレヘムあるいはナザレ以上にキリスト教の揺籃の地である」。[6] ウィルソンが主張するに、死海文書に取り組む学者たちは、「諸々の宗教的な傾倒ゆえに、こうした問題への対処にはどこかしら抑制があった」。彼が語ったのは、そのうちの数人がカトリック司祭であった公式の編集チームについてだけではなかった。彼が主張するに、ユダヤ教の学者たちの間には、「イエスの宗教が、……ユダヤ教の一派から……有機的に成長した可能性があると認めることに対する抵抗」があり、一方のキリスト者たちの間には、「キリストの唯一性が危険に晒されている」との恐れがあった。[7]

この論争の火は、一九五六年一月、編集チームのメンバーであるジョン・マルコ・アレグロによるＢＢＣ北部ホーム・サービスでの三回の短編ラジオ放送によって広がる。アレグロは、「私の断片に関する最近の研究により、デュポン＝ソメールは彼自身が思う以上に正しかったと確信した」と主張した。[8] アレグロが指摘したのは、彼に割り当てられたクムラン出土の別の聖書注解である『ナホム書注解』である。この注解ないしペシェルでは、「人を生きたままで吊す」、「怒りの獅子」について述べられている。これは通常、紀元前一世紀の初頭に何百人もの敵を磔刑に処したユダヤの王アレクサンドロス・ヤンナイオスであるとされる（ヨセフス『ユダヤ古代誌』13.380、『ユダヤ戦記』1.97）。アレグロは、ヤンナイオスを「義の教師」の敵である「悪しき祭司」と同定した。そして「教師」は、磔刑に処された者たちの一人であったと推測した。彼曰く、「最も驚くべきことは、彼の死に方であり、彼の弟子たちがその結果に帰した重要性である」。彼は次のように続ける。

おそらく彼らがクムランの簡素な建造物に自分たちの地歩を固めてから一〇年も経たずに、彼らが「悪しき祭司」と呼んだ恐ろしいヤンナイオスは、彼らの新しい家を襲い、「教師」を引きずり出し、彼を異邦の軍隊の手に渡して十字架に付けた可能性が高いと思われる。このユダヤの暴君は既にエルサレムで八〇〇人の反逆者たちに対して同じ恐ろしい死をもたらして、その残虐性を示していた。そしてクムラン写本はこの犯罪の非道さを衝撃的な口調で語っている。なぜならユダヤ人にとって、この死はあらゆるものの中で最も呪われたものであった。死体は通常、墓に入れられることはなく、十字架上に残されて朽ちていったからである。

しかし、このユダヤの王が立ち去ると、（宗派の）人々は、彼らの「師」の亡骸を下ろし、

「審判の日」までそれを守った。……その栄光の日に、彼らの「師」は再び立ち上がり、彼の忠実な群れ（新約聖書の人々は自らをそう呼ぶ）を、新しい、浄くされたエルサレムへと導くと彼らは信じていた。[9]

この放送は騒動を引き起こす。『ニューヨークタイムズ』は、一九五六年二月五日、「キリスト教の礎、死海文書に見つかる」という見出しでアレグロの見解を発表した。『タイム』誌は、二月六日、「キリスト以前の十字架刑」と題した記事でこれに続いた。編集チームのアレグロの同僚たちは、これに対応すべく動いた。一九五六年三月一六日、ドゥ・ヴォー、ミリク、スキーハン、スターキー、ストラグネル（ストラグネルを除く全員がカトリック司祭であった）が署名した書簡がロンドンの『タイム』に掲載された。彼らは次のように書いた。

われわれはテクストの中に、アレグロ氏の「知見」を見出すことはできません。「教師」の十字架刑も、十字架からの降下も、「審判の日」まで守られる「彼らの『師』の亡骸」も見られません。従って、ある一つの記録の中で言われているとアレグロ氏が主張するような、「ナザレのイエスが適合する明確なエッセネ派の原型」はありません。彼がテクストを間違って読んだか、資料からは支持されない推測の連鎖を構築したというのがわれわれの確信であります。[10]

フランク・ムーア・クロスの名前は署名者のリストにはなかったが、彼はアレグロに個人的に次のように書いた。

私がpNah（『ナホム書ペシェル［注解］』）の中に見つけなかった新しいデータをあなたが持っておらず、私がエルサレムを介して聞かされているのが、悪名高い『銅の文書』の中にないことだとすれば、あなたが私を説得するのはとても難しいでしょう。あなたが新しいデータを持っているのならば、私はすぐに納得するでしょう。(11)

アレグロは新しいデータを持っておらず、大半の学者たちは『ナホム書ペシェル』についての彼の解釈は説得的ではないと見なした。しかしながら、彼自身は、真実を隠蔽しようとするカトリックの聖職者たちの陰謀によって不当に苦しめられていると確信していたようである。クロスとストラグネルは長老派であったという事実にもかかわらずである。論争は思わぬ形で収束を迎える。アレグロは、『聖なるキノコと十字架――古代近東の豊穣儀礼におけるキリスト教の性質と起源に関する研究』（*The Sacred Mushroom and the Cross: A Study of the Nature and Origins of Christianity within the Fertility Cults of the Ancient Near East*, London: Hodder and Stoughton, 1970）と題する「壮大で統一的な宗教理論」を出版することによって、明らかに学問的な自殺を行ったのである。彼は、キリスト教は古代近東において一般的であった一種の豊穣儀礼の変種で、聖なるキノコが関わるものだったが、それらの明示的な言及はすべて偽って抑圧されていたと論じた。例えば、ボアネルゲスという語は、『マルコによる福音書』三章17節において、イエスがゼベダイの子ヤコブとヨハネに与えた名前とされるが、これはおそらく聖なる菌の名であったというのである。煽情主義者の英国人作家マイケル・ベイジェントやリチャード・リー、アレグロの娘ジュディス・アン・ブラウンなど、アレグロの最も熱心な（そして非学問的な）擁護家たちでさえ、この理論を受け入れることはできなかった。宗教学を学ぶ者にとって、これは単に滑稽であった。彼の娘が率直に述べているように、「『聖なるキノコと十字架』はジョンの経歴を台無しにした[12]」。

神の子

アレグロは論争の最中、一九五六年九月一六日付けのドゥ・ヴォーに宛てた手紙の中で、次のように書いている。

イエスが「神の子」や「メシア」であるか――今はそれについて論ずる気はありません。われわれが今やクムランから分かっているのは、彼らのダビデ家のメシアが、「神の子」、神の「ひとり子」と見なされていたということです――しかしそれは、イエスが神そのものであったという教会の空想的な主張を証明するものではありません。彼らが用いた語句に、「違い」

は全くありません——違いはその解釈にあるのです。[13]

彼がここで参照したテクストは、『会衆規定』（1QSa）、そして「神の子」のテクスト（4Q246）の二つである。

『会衆規定』（1QSa）は、『共同体の規則』ないし『宗規要覧』（1QS）の付録である。これは、『宗規要覧』が一九五一年に初めて出版されたときにはまだ同定されていなかったが、一九五五年にドミニク・バルテレミーによって、『ユダ荒野での諸発見』シリーズの第一巻で出版された。[14]このテクストは、終末のときの規則であり、その第二欄11―12行目では、「神が彼らと共にメシアを産むとき」の祝宴の規定が述べられている。この箇所における「産む」（*yolid*）という単語の読みは非常に難しい。出版された写真では、この部分はほとんど判読できない。校訂者が記すに、透過性を用いた慎重な研究の末、この読みはほぼ確実ではあるが、「彼らと共に」というぎこちない前置詞を考慮に入れて、この単語は、「もたらした」ないし「行かせた」を表す *yolik* を写字生が誤記したとするミリクの提案が妥当であるという。その後も別の読みが主張されている。しかしながら、一九五〇年代にこのテクストを調査した学者たちは、それが誤記であるか否かに関わらず、「産む」と読むことに同意している。この読みはまた、最近になって、コンピュータを用いた高解像度の画像に基づいて確認されている。神がメシアを産むという発想は、『詩編』二編7節と一一〇編3節（LXX）に明確な基盤があり、それほど奇抜なものではない。読みは確かに難しいが、それがあまりにもキリスト教の発想に似ているように見えたことから、ユダヤ教やキリスト教の学者たちは、神学的な理由からこれを修正しようとしたものと思われる。

アレグロが言及した第二のテクストは、注目されてはいたものの、一九五六年にはまだ出版されていなかったものである。これは、正式には4Q246、『アラム語黙示録』と呼ばれるアラム語のテクストであるが、「神の子」のテクストとしてより広く知られている。一九七二年一二月、J・T・ミリクがハーバード大学における講演の中でこの話題に触れるまで、このテクストは一般大衆には知られていなかった。その語句のいくつかについて、『ルカによる福音書』の中に密接な並行が見られることから、大きな関心が寄せられることになる。

テクストは二欄で構成されている。第一欄は中央で破れており、行の後半のみが残る。そこでは、何者かが王座の前で倒れたと言われており、幻についての言及がある。断片的なテクストは次のように続く。

苦しみは地上にやって来る……諸州での大虐殺……アッシリアと［エ］ジプトの王……地上で偉大になるであろう……すべてが仕えるであろう……彼は、彼の名によって呼ばれることになり、彼は命名されるであろう。

第二欄は次のように続く。

彼は神の子と呼ばれるようになる。そして彼らは彼を「いと高き方の子」と名付けるだろう。彼らの王国は、あなたが見た流星のようになるであろう。何年もの間、彼らは地上を支配し、すべてを蹂躙するであろう。人々は人々を、町は町を蹂躙するであろう。神の民が現れて、すべてが剣から逃れるまで。彼の（または「その」）王国は永遠の王国であり、彼のすべての道は真実である。彼は真実によって地を裁き、すべてが平和を得る。剣は地上から止み、すべての町が彼を讃える。偉大なる神は彼の力となる。神は彼のために戦いを行い、諸国民をその手に渡し、彼らすべてを彼の前に伏させる。彼の主権は永遠の主権であり、すべての深み……

このテクストは即座に、『ルカによる福音書』に記されている受胎告知の物語を想起させる。そこでは天使ガブリエルがマリアにこう伝える。

「あなたは身ごもって男の子を産むであろう。そしてあなたはその子をイエスと名付けるであろう。その子は偉大になり、いと高き方の子と言われる。神である主は、父祖ダビデの王座を彼に与える。彼は永遠にヤコブの家を統治し、彼の王国は終わることがない」。マリアは天使に言った、「どうして、そのようなことがありえましょうか。わたしは処女ですのに」。天使は彼女に言った、「聖霊があなたの上に降り、いと高き方の力があなたを包む。だから、生まれる子は聖なる者、神の子と呼ばれる」〔ルカ一31―35〕。

福音書はギリシア語、新しいテクストはアラム語であるが、「偉大になる」、「いと高き方の子」、「神の子」などのいくつかの語句の一致が目を引く。またどちらのテクストも永遠の支配について語っている。

アレグロは明らかに、このアラム語テクストはダビデ家のメシアについて述べていると考えており、フランク・ムーア・クロスが彼と意見を同じくしていることは早い段階から知られていた。しかしながらミリクは、「神の子」と呼ばれるこの人物はユダヤ人のメシアではなく、むしろシリア王、おそらくは、紀元前二世紀の支配者で、硬貨の銘文において自分自身を *theopator*「神が産んだ者」と呼んだアレクサンドロス・バラスであると論じた。この王が否定的な意味を持つ人物であったという発想は、「神の民が現れるまで」の前にある欠損部分がテクストの転換点になっているとの想定に基づいていた。「神の子」はこの転換点の前に現れることから、彼が主張するに、この者は神の敵に分類されるというのである。実際のところ、黙示的なテクストが単純に直線的な形で進むのは稀であることから、この議論には疑問の余地がある。いずれにせよ、福音書の中で「神の子」や「いと高き方の子」という称号が明らかにメシアとして用いられているということについては、慎重に考察しなければならない。ミリクの解釈は、ハーバード大学の聴衆にはあまり受け入れられなかった。おそらくはそのために、彼はテクストを出版しなかった。このテクストの一部は、一九七四年、ミリクの配布資料に基づいて、ジョゼフ・フィッツマイヤーによって出版された（イエズス会の司祭であるフィッツマイヤーは明らかに、教義上の理由でテクストを隠蔽するようなことはしなかったのである）[15]。エミール・ピュエシュによる公式の出版は、一九九二年まで待つことになる[16]。その時点になって初めて、このテクストは一般メディアに取り上げられることになった。ロンドンからロサンゼルスまでの新聞が、「死海文書における神の子」と喧伝し、これがキリスト教に深刻な影響を及ぼすことを示唆した。

このテクストの解釈をめぐっては、依然として意見が分かれる。ミリクはハーバード大学にて追随者を得られなかったものの、支持者には欠かなかった。それらの中には、別の王を挙げる者もいた（アンティオコス・エピファネス、あるいは更に、*divi filius*「神の子」と宣言したローマ皇帝アウグストゥスなど）。学界は、この神の子をメシアとして解釈することを支持する人々と、これを否定的な意味を持つ人物、更には反キリストと見る人々とで、ほぼ均等に分かれた。私自身は、この人物をメシアと見なすことに対する抵抗が全くの神学的な判断によると主張しようとは思わないが、そのようなことが全くなかったとも言えない。例えば、フィッツマイヤーは、来るべきユダヤの支配者、おそらくはダビデ王家の末裔について肯定的に述べるテクストを取り上げる。ところが彼は、終末論的な文脈においてダビデ王家の後継者であることがメシアの定義の一つと認めているにもかかわらず、この人物はメシアではないと主張しているのである[17]。『ルカによる福音書』における並行する章句についてのフィッツマイヤーによる注解は、この矛盾した見解を浮き彫りにしていよう。

彼の主張によれば、「神の子」という称号は、クムランのテクストにおいては「メシア」と呼ばれる人には用いられておらず、従って「メシア的な意味合い」を持たないという。そして福音書の中では、「神の子」はイスラエルの神ヤハウェと唯一の関係にあるイエスに帰されていると主張する。[18]この場合には少なくとも、イエスの唯一性が重要な問題になっているように見える。

死に至るメシア？

一九九〇年代初め、それまで未公刊であった死海文書が一般に利用可能になると、他のいくつかのテクストが注目を集めた。「そして彼らは、会衆の君主、ダビデの末裔を殺すだろう」という最後の戦いと関連するある一つの断片的なテクストが、メシアの死を予見するものとして話題になった。最後の戦いにおいてメシアが死に至るという発想は、後のユダヤ教に見られる。これはおそらく、バル・コクバとして知られるメシア的な指導者が紀元後一三二―一三五年の対ローマ戦争において殺害されたことによるものである。しかしながら、新約聖書において、イエスの死は予見されていたものではなく、追随者たちに大きな衝撃を与えたことは明らかである。また調査が行われると、断片をこのように解釈するには難があることが判明した。「彼らは殺すだろう」（*wmytw*）と翻訳された語は、ダビデの末裔を主語にして「彼は彼を殺す」と解することもできるのである。クムラン出土の他のメシア的なテクストは一様に、敵を打ち負かす強力な戦士としてダビデ家や王的メシアを提示していることから、こちらの解釈の方が妥当であろう。

預言者的なメシア？

新約聖書とのより明確な並行が見られるのは、4Q521と呼ばれる、より大きなヘブライ語の断片である。これは時として「メシア黙示」と呼ばれ、「天と地は彼のメシアに従うであろう」という文言で始まる。これは次のように続く。

これまで起こったことがなく、主が行うと言［われている］栄光の業は、傷ついた人を治し、死人に命を与え、貧しい人に良き知らせを伝えることである。

このテクストは、『マタイによる福音書』一一章の章句を思い起こさせる。

ヨハネは牢の中で、メシアが行ったことを聞いた。そこで自分の弟子たちを彼のもとに送って、彼に言った、「あなたは来たるべき方でしょうか。それとも他の方を待たねばなりませんか」。イエスは彼らに答えた、「行って、見聞きしたことをヨハネに伝えよ。目の見えない人は見え、足の不自由な人は歩き、重い皮膚病を患う人は浄くなり、耳の聞こえない人は聞こえ、死人は生き返り、貧しい人は良き知らせを伝えられる」（2—5節）。

クムランのテクストと福音書はいずれも、『イザヤ書』六一章を利用している。そこでは預言者が次のように語る。

主は私に油を注ぎ、主なる神の霊が私をとらえた。かれは私を遣わした、抑圧された人に良き知らせを伝えるために、打ち砕かれた心を包み、捕らわれた人に自由を、囚人に解放を告知するために（1節）。

（このテクストは、ルカ四18において、イエスがカファルナウムの会堂で読み上げたものとして有名である。）『イザヤ書』のテクストでは、死者を生き返らせることについては言及されておらず、これは福音書とクムランのテクストが少なくとも更なる共通の伝統を持っていたことを示唆している。

クムランのテクストでは、傷ついた人を治し、死人に命を与え、貧しい人に良き知らせを伝えると言われているのは神である。しかしながら、神が良き知らせを伝えるというのは非常に奇妙である。というのも、それは預言者や宣教者の仕事だからである。更に、『イザヤ書』六一章も『マタイによる福音書』一一章も、主語は神ではない。『イザヤ書』では、行為者は油注がれた預言者である。すると4Q521では、神もまた行為者、具体的には天と地が従う「メシア」ないし油注がれた者を通じて行動すると考えられているとの疑いが生じる。しかしながら、このメシアは戦士たる王ではなく、むしろ預言者的な「メシア」であり、その活動は、いずれも死人を生き返らせたと言われるエリヤやエリシャに似る。これが正しいとすれば、このクムランのテクストは、戦士たる王よりも、エリヤに確実に似るイエスの経歴に真実の光を投げかけていよう。

預言者的なメシアの待望は、死海文書の中の些細な伝統としてしか現れない。『共同体の規則』(1QS)第九欄11行目は、「預言者と、アロンとイスラエルのメシアの到来」について述べているが、死海文書におけるメシアについての言及の大半は、メシア的な王であるダビデの末裔に関わるものである(4Q521は宗派的なテクストではなく、死海文書に保持された、より広いユダヤ文学の一部であったかもしれない)。しかしながら、イエスは、地上での経歴において、戦士たる王の役割を十分に果たしたようには見えない。彼が最初にメシアと見なされるようになったのは、預言者的なメシアの役割においてであったと思われるのは興味深い。事実、福音書には、少なくとも一部の人々がイエスをエリヤと関連付けていたことの示唆がある。『マルコによる福音書』六章14―15節では、さまざまな人がヘロデ〔・アンティパス〕に、イエスはヨハネが死から生き返った者、エリヤ、あるいは「預言者」であると同定している。また『マルコによる福音書』八章28節では、イエスの「人々は、私のことを誰だと言っているか」という質問に対して、「ある者は『洗礼者ヨハネだ』、他の者は『エリヤだ』、また他の者は『預言者の一人だ』」と言われている。

イエスと「教師」、第二局面?

「義の教師」が、『イザヤ書』における主の苦難の僕に関する章句を自らに適用し、それによってイエスを予見していたという発想は、デュポン=ソメールによる死海文書研究の初期に提唱された。これは一九九九年、マイケル・ワイズによって、『最初のメシア――キリスト以前の救世主の探究』(*The First Messiah. Investigating the Savior Before Christ* [San Francisco: Harper])と題する著書の中で息を吹き返す。そこでの議論は、新しく出版されたテクストではなく、一九四八年にスケニークが取得した死海文書の最初の巻物に含まれたホダヨトないし『感謝の詩編』に基づいていた。デュポン=ソメールの研究とワイズの研究の間に、「教師の詩編」と「共同体の詩編」が区別されることで、これらの詩編に関する研究は洗練されていた。「教師の詩編」の中では、詠い手は、他者のために啓示を行う瞑想者であると主張する。彼が語るのは、裏切りと拒絶、そして自らの正当性が証明されるであろうとの確信である。この類型に含まれる少なくとも八つの詩編は、ホダヨトの巻物の第一〇―一七欄に集中している(文書集成の詳細な説明をめぐっては、意見の相違がある)。宗派にはこの種の有力な人物が一人しか現われなかったとの理由から、これらの詩編はしばしば、「義の教師」による作品と見なされてきた。何人かの学者たちは、この推論を受け入れることに躊躇し、詩編は形式的であり、共同体のどのメンバーにも適用できたと語る。しかしながら、これらの詩編の詠い手が、ホダヨトの残り部分と区別されることに関しては疑問の余地がない。これらの詩編の著者を疑問なく証明することはできないかもしれないが、ここでの「教師」は、それが実際に誰であったとしても、詠い手の称号としての役割を果たしていよう。

ワイズが主張するに、「教師の詩編」の終わりにかけて、「教師」は、『イザヤ書』における「僕」の言葉を暗示しつつ、集中的に自らを主の僕として語るようになる。彼は、自分自身を苦痛に打ちひしがれ、見捨てられた者として描き、『イザヤ書』五三章3節にも見られるヘブライ語の動詞を用いて、人々が彼を「尊敬」しないと繰り返し訴える。彼はまた、霊を授けられたと主張する。この主張は、『イザヤ書』六一章の「主は私に油を注ぎ、主なる神の霊が私をとらえた。かれは私を遣わした、抑圧された人に良き知らせを伝えるために」〔1節〕という文言を想起させる。先に論じた4Q521にも、この章句の暗示があることは既に見た。

『イザヤ書』六一章の暗示によって問題となるのは、「教師」がメシア、おそらくは4Q521に描かれた「預言者的なメシア」と考えられていたか否かということである。彼は、神が預言者たちに明らかにしたすべての謎を知る者であったが、預言者たち自身はそれを理解できなかった（『ハバクク書ペシェル』第七欄）。「教師」の到来は明らかに、彼が歴史の最後の局面を導くという意味で、終末論的な出来事であると考えられた。しかしながら、詩編でも注解でも、彼はメシアとは呼ばれていない。何人かの学者たちは、『イザヤ書』五三章の「僕」がクムランのメシアとして理解されていたと主張するために、クムラン第一洞穴からの『イザヤ書』大写本（『1Qイザヤ書a』

[1QIsa^{a}]）のある一節を指摘する。伝統的な（マソラの）テクストが「彼の姿は損なわれ（*mošḥath*）、人とは見えない」と読む『イザヤ書』五二章14節を、『イザヤ書』大写本は「私は彼の姿に油を注いだ（*mašaḥti*）」と読んでいる。違いは、問題となる単語の末尾にヘブライ文字が一つ追加されているだけである。文脈上は、伝統的なテクストの方がより良い意味をなしていると認められ、大半の学者たちは、クムランのテクストの読みは写字生の単なる誤記であると考える。しかしながら可能性として、クムランの『イザヤ書』の巻物を読んだ人が、その僕には油が注がれた、すなわちメシアであったと推測したのも頷ける。しかしそれでもなお、「教師」が決して明示的にメシアと呼ばれていないという事実は変わらない。

しかしながら、「教師」が苦難の僕と関連付けられて、またメシアとしてさえ理解されたとして、彼がどの程度までイエスを予見していたと言えるであろうか。「教師」は、自らの使命を果たす過程で苦しみを受けたと理解された。その使命は、他の人々のためであった。『イザヤ書』五三章11節において、主の僕は多くの人々を義とすると言われたが、「教師」は「私を通してあなたは多くの人々の顔を啓発した」と主張する（『感謝の詩編 a』[1QH^{a}] 12:27)。しかし「教師」は、多くの人々のための身代金として自らの命を差し出した、あるいは彼らのために代わって苦しみを受けたとは言われない。それとは対照的に、新約聖書では、「人の子は仕えられるためではなく、仕えるために、そして多くの人々の身代金として命をささげるために来た」（マコ一〇45）と言われ、『ローマの信徒への手紙』四章25節では、イエスが「われわれの罪のために死に渡され、われわれが義とされるために起こされた」と言われる。紀元前後のユダヤ教では、『イザヤ書』五三章の「僕」は一般に、屈辱の後に続く昇天という系列的な事例として理解された（新約聖書の前に、彼の死が他の人々の贖いであるという発想を明確に述べたものはない）。「教師」もイエスも、苦しめられ、屈辱を受け、また昇天する。しかし、他の人々が犯した罪の贖いとしての「僕」の死に焦点を当てるという新約聖書における『イザヤ書』五三章の利用の最も斬新な側面は、死海文書には見られない。

苦難の僕は、イスラエル人の学者イスラエル・クノールの著書『イエス以前のメシア――死海文書の苦難の僕』（*The Messiah before Jesus. The Suffering Servant of the Dead Sea Scrolls* [Berkeley: University of California Press, 2000]）の中で再び俎上に載せられる。クノールの主張は、ワイズのものよりもはるかに遠大で、別のテクストに基づいていた。それは、いくつかの写本に残された、いわゆる「自己昇天の詩編」と呼ばれる断片的な作品であり、そのうちの一つはホダヨトの写本の中に見られる。このテクストにおける詠い手も軽蔑と拒絶に苦しむが、強調されているのは彼の昇天である。詠い手は、「私が考えるのは神々であり、私の住まいは聖なる集会にある」、「［私の教えに］匹敵する教えはない」と誇る。彼は神々の会議における強大な王座について語り、天における自分の座に着いたと言う。彼の栄光が王（＝神）の子らと共にあること、聖なる者たちの一員であることを誇り、「神々の間で私のような者は誰か」とさえ問うている。

このテクストの詠い手が誰であるかについて、学者たちの間で意見の一致はない。意見は、「義の教師」から終末論的な「大祭司」にまで及ぶ。「教師の詩編」には、詠い手が昇天したと主張するものは一つもない。それとは逆に、「自己昇天の詩編」にはない、人間の無価値性についての鋭い感覚が見て取れる。この問題は、当該の詩編が「教師」の死後にその口に置かれたとする別の主張によって幾分か克服されるかもしれない。詠い手が終末論的な人物であったとする主張も仮説に留まる。この詩編に見られるような主張を、メシア的な人物が行う並行例は知られていない。

クノールの見解では、詠い手はクムランの宗派の指導者であった。彼は自らをメシアと見なし、彼の信奉者たちからもそのように認識された。具体的には、彼は宗派の指導者をエッセネ派のメナヘムと同定する。この人物は、ヘロデ〔大王〕がまだ少年であったときに、彼が王になると予言したことで、彼に気に入られたと言われている(ヨセフス『古代誌』15.372-79)。クノールは、「王の友」は詩編の中の「神の友」を意味するとしつつ、この言葉の選択は、詠い手が当時の人間の王の友でもあったことを示唆していると考える。彼は、この人物がメシアであると推測する。なぜなら、『詩編』一一〇編では、王たるメシアが神の右に座るよう招かれているからである。苦しみについての言及は、彼が苦難の僕でもあることを示唆する。『ダマスコ文書』では、アロンとイスラエルのメシアがイスラエルの罪を償うと述べられていることから、クノールは、この詩編の詠い手は、彼の苦しみが償いの力を持つと信じていたと推測している。この議論には、断片的な証拠から導き出すべきではないいくつかの直感的な飛躍が含まれていることは既に明らかである。当該の人物がメシアであるか、僕であるかは、憶測の域を出ない。ところがこのテクストはクノールにとって、メシアと苦難の僕との関連付けが初期キリスト教の革新によるものではなく、イエスと同時代ないしそれ以前のこのユダヤ人の「メシア」によって既に行われていたことの証拠である。

しかしながら、クノールは更に先へと進む。『ヨハネの黙示録』一一章において、パトモスのヨハネは、二人の「証人」が預言する幻について語る。彼らは『ゼカリヤ書』(四章)に記されている二本のオリーブの木と同定される。またそれ故にほぼ間違いなく、「メシア」と呼び得る(明らかに、王的なメシアよりも預言者的なメシアである)。幻では、彼らは底なしの淵から上がって来る獣によって殺される。彼らの体は三日半横たわり、その後、彼らの中に命の息が入って彼らは生き返り、天に連れて行かれる。『ヨハネの黙示録』は、紀元後一世紀末にかけて記されたキリスト教の作品である。証人の死と復活は通常、イエスのそれをモデルにしていると考えられている。しかしながらクノールは、これはヘロデ大王の死後に起きた反乱をローマ軍の兵士たちが鎮圧したという紀元前四年の歴史的な事件を反映していると主張する(幻の冒頭で、ヨハネは神殿を測るよう命じられるが、神殿の外庭はそのままにするよう言われる。「それは異邦人に与えられたからである」(黙一一2)。紀元前四年、ローマ軍の兵士たちは神殿の中庭に侵入したが、神殿自体には立ち入らなかった)。「自己昇天の詩編」の写本はすべてヘロデ時代のものであることから、クノール曰く、「紀元前四年に殺害された二人の『メシア』のうちの一人が、クムランのメシア的な詩編の英雄であったと考えられる」[19]。従って、イエスよりも前に、メシア的な苦難の僕という発想だけでなく、メシアが三日後に起こされ、天に昇ったという信仰も普及していたと彼は結論付けるのである。

この議論はいずれも、利用できる証拠をはるかに超えた、大いなる直感的な飛躍を伴うものである。クノールはその後、物議を醸している別のテクストである「ガブリエルの幻」の中に、彼の理論を立証するものを見つけたと主張した。それは灰色石灰岩の平板の上にインクで書かれた、約八七行のヘブライ語テクストである。正確な発見場所は不明だが、死海の東方で、二〇〇〇年頃に発見されたと言われている。これは時に、「石上の死海文書」と呼ばれているが、クムラン近郊で発見された写本集成の一部ではない。出所が不明確であることから、いくつかの疑念は避けられないものの、その真正性についての疑いは持たれていない。これは筆跡やヘブライ語に基づいて、紀元前後に年代付けられると考えられている。

この断片的なテクストは、天使ガブリエルが目前に迫った救済を約束する語りであると思われる。ダビデについての言及が、少なくとも二度ある。クノールによれば、エフライムについての言及もあり、彼はこれを、後のユダヤ教伝統で知られている別のメシア的な人物であると見なす。しかし他の学者たちは、エフライムという読みは誤りであると考える。クノールの解釈にとって重要なのは、彼が「三日後、生きる」と読む別の行である。彼は、メシアであるエフライムが死んで、三日後に起こされると推測する。「生きる」という語 חאיה の綴りは確かに独特である（「生きる」を表す語は通常、真ん中のアレフがない）。他の学者たちは、この語は הואת 「しるし」（テクスト内で、他にも出てくる語）と読むべきであると主張する。従って、このテクストが復活、あるいは本当にエフライムのメシアについて語っているかどうかは、きわめて不確かであると言わざるを得ない。ここでもまた、クノールは刺激的な結論に到達するために想像力豊かな飛躍を行っているが、彼の研究が説得的であると見なす学者はほとんどいない。

この議論における問題は何だろうか。もちろん、キリスト教の中心的な命題が、それ以前のユダヤ教の思想に由来することは十分に考え得る。メシア思想は、明らかにユダヤ教的なものである。幾人かの学者たちは不快に感じるかもしれないが、メシアが「神の子」と呼ばれ得るという発想もそうである。『イザヤ書』における「苦難の僕の歌」はよく知られており、イエスの時代よりも前に、義人の苦しみの経験を表現するためにさまざまな形で用いられた。三日後の復活という発想でさえ、『ホセア書』のある章句によって促されたものかもしれない。そこでは、苦難の時代を生きた幾人かのイスラエル人が次のような希望を表明している。「二日後に、かれはわれわれを生き返らせ、三日目に、かれはわれわれを起こして、われわれはかれの前に生きる」（ホセ六2）。しかしイエス以前のメシア像が「苦難の僕」として解釈され、三日後に死から起こされたと信じられていた証拠は薄弱であると言わざるを得ない。だが死海文書は、六〇年以上にわたって人々を繰り返し魅了してきた。この蜃気楼のような魅力は明らかに、神学的ないしイデオロギー的なものであるが、それが意味するものは全く明確ではない。すなわち、もしクノールが正しいとして、このことはキリスト教の真正性を損なうことになるのだろうか。あるいはそのような思想がユダヤ教に根差していると示すことで、これを強めることになるのだろうか。重要な思想がユダヤ教起源であると示して、ユダヤ教の栄光を高めることになるのだろうか。それとも、キリスト教のより「神話的な」側面のいくつかがユダヤ教にも馴染みあるものであったと示して、その栄光を汚すことになるのだろうか。あるいは、このことはユダヤ教やキリスト教をめぐるわれわれの判断と全く関係がないのだろうか。明らかなのは、神学的な重要性を含むと思われている主張を証明ないし反証しようとする欲望は、歴史家の仕事を歪めるだけだということである。

洗礼者ヨハネ

死海文書と初期キリスト教に関する議論は、イエスに関わることがすべてではない。洗礼者ヨハネが「クムラン共同体」のメンバーであったか否かという問いも、頻繁に議論される話題である。ヨハネが洗礼を施した場所は、クムランから徒歩圏内にあった。エッセネ派もまた、儀式的な浄めを非常に重視していた。ヨハネの頑固な禁酒と煽情主義に対する厳しい批判について述べた学者であるジョセフ・フィッツマイヤーでさえ、ヨハネがクムラン共同体の一員であったという考えは「あり得る仮説」であると主張し、「それは証明も反証もできない」と見ている。(20) フィッツマイヤーは、ヨハネは彼の高齢の両親の死後に、エッセネ派に引き取られたとさえ推測する。更には、ヨハネの洗礼は、福音書の中では異なった性質を持っているものの、エッセネ派の儀式的な浄めが発展したものと見なし得ると主張する。より最近では、ジェームズ・チャールズワースによって、洗礼者と宗派との関連が主張されている。チャールズワースは、洗礼者は新約聖書に記されている経歴の段階では既にエッセネ派のメンバーではなかったと認めるが、彼はいくつもの入信の手続きを踏み、その後に脱退したと考える。チャールズワースが主張するに、この説は、「洗礼者が聖書、特に『イザヤ書』四〇章3節を選んで解釈したこと、クムランからさほど遠くない荒野にいたこと、彼の黙示的な終末論、そして裁きの日に備えて水を使ったことの理解を助ける」[21]。しかしながら洗礼者ヨハネの場合には、新しいテクストによって議論が進展することはなかった。基本的な議論は既に一九五〇年代、ミラー・バロウズとフランク・ムーア・クロスによって反証されていた。洗礼者は、ほぼ間違いなく、死海近郊に存在したこの宗派の居住地を知っていたが、彼がその共同体の管理された生活に心引かれることはほとんどなかった。一九五五年にバロウズが記しているように、「洗礼者ヨハネがエッセネ派であったとしたら、彼は宗派から脱退し、独立した預言者的な任に就いたに違いない。関連性はあり得なくはないが、きっとあると言えるほど高くない」[22]。

構造の比較

「教師」の運動とイエスの運動は、どちらもユダヤ教の宗派と言い表し得るものである。「教師」の運動の中にも、新しい契約という発想が含まれたが、外に留まる者たちと中にいる者たちとの間に明確な区別があった。イエスの運動は、指導者の生前にはそれほどはっきりとした輪郭は定まっていなかったが、彼の死後に徐々に制度化された。従って、これら二つの運動をどのように比較するかと問われたのは必然であった。

死海文書の宗派をエッセネ派と同定し、それと初期キリスト教との関係について論じた古典的な研究は、一九五八年のフランク・ムーア・クロスによるものである。クロスが主張するに、「エッセネ派は、黙示的なユダヤ教伝統の伝播者であり、少なからず形成者であったことが分かる」[23]（エッセネ派についてのギリシア語やラテン語の記述はこのことをほとんど語っていないものの、死海文書が発見されるはるか前の一九世紀には既にそのように見なされていた）。クロス曰く、「原始教会はある意味で、この共同体が培った黙示的な伝統の継承者である」[24]。初期教会は、エッセネ派と同じく、既に終末のときを生きているという意識を持っている点で独特であった。従って初期教会の「終末論的な存在」は、王国を予見する共同体の生活であったが、キリスト教に特有の現象ではなく、エッセネ派の共同体という前例があり、どちらも「黙示的な共同体」であった。

死海文書と新約聖書のさまざまな類比は、この共通の終末論的な意識という文脈の中で見なければならない。最も明白だったのは、『ヨハネによる福音書』や『ヨハネの手紙』における、「真理の霊と人を惑わす霊」（一ヨハ四6）、「光の子」（ヨハ一二36）、「永遠の命」（ヨハ三15、五24、一ヨハ一2、二25など）などの語句である。ヨハネ文書の死海文書との親和性は、既にオールブライトによって指摘されており、また「アンカー聖書シリーズ」で福音書についての古典的な注解を書いたレイモンド・ブラウンによって詳しく述べられている。[25] オールブライトとその弟子たち（クロスやブラウンを含む）にとって、これらの並行は、新約聖書を主にヘレニズムの文脈で読むルドルフ・ブルトマンの手法に対する反論に一役買うものであった。クロスが記すに、「ヨハネ福音書やヨハネ書簡とこれらエッセネ派の並行は、ヨハネ文書を強力なギリシアの影響下にある作品として読もうとしてきたヨハネ研究者たちにとってのみ、驚きとなるだろう」[26]。彼は、死海文書の中にロゴス（言葉）に相当する語がないことを指摘し、福音書が複雑な文学史を有することを認めつつも、次のように結論付ける。「重要なのは、ヨハネが、エッセネ派の流れが依然として強かったアラム語ないしヘブライ語の環境において最初に形をなした信憑性のある歴史的な素材を保持しているということである」[27]。この結論は、オールブライト学派全般の立場と同様、保守的な傾向を持つキリスト教徒にとって魅力的なものだったが、クロスは特に保守的なキリスト教徒ではなかった。クロスにとってより重要だったのは、ドイツやドイツに刺激を受けた学者たちによって疑問視され、時に否定されていた初期キリスト教とユダヤ教との間の連続性である。それでもなお、ヨハネ文書のセム語的な背景を強調することは、他方のヘレニズム的な手法に劣らず一方的なものであるように見える。

クロスは、二つの運動の組織構造には、この終末論的な意識が反映されていると論じる。彼は最初から、初期教会にはクムランにおける祭司たちの支配と同等のものはないと認めつつも、『共同体の規則』（1QS）第八欄1行目で言及される謎の「十二人の人々と三人の祭司たち」は、十二使徒に類似するものと見なした。「監察官」（*mebaqqer* ないし *paqid*）は、キリスト教の「監督」（*episkopos* ないし *bishop*）に似るものと考えられた。

クロスによる最も大胆な類比は、「エッセネ派の共同体の中心的な『秘蹟』」、すなわち「洗礼」

と「共同の食事」である。「エッセネ派の洗礼」は、「ヨハネのそれと同じようなもの」で、罪の悔い改めと終末論的な共同体への受け入れを示していると見なされた。しかしながら、クムラン宗派における最初の洗礼がキリスト教の洗礼に相当するかは疑問の余地がある。またクロスは、エッセネ派の共同の食事はメシアの祝宴の典礼的な予見として理解されるべきもので、それは過越の食事よりもキリスト教の聖餐に似ると論じた。ここでもキリスト教の慣行は、死海文書に記されていることの重要性を解くための鍵と見なされており、この類比にも疑問の余地がある。死海文書の一つである『会衆規定』(1QSa)は、メシアが居合わせる祝宴を想定しているが、それは必ずしも宗派における共同の食事すべてが終末論的な意味合いを持っていたということではない。

クロスはいくつかの場合にキリスト教のレンズを通して死海文書を見たかもしれないが、彼の論じ方は、デュポン=ソメールないしアレグロによる提案と比べると、その賢明さが際立つ。類比は、二つの集団のよく似た終末論的な意識に基づくものであり、大半の場合、初期キリスト教へのエッセネ派の直接的な影響を必要としなかった。

二つの運動の類比は、二〇世紀の終わりにかけて、ロバート・アイゼンマンやオーストラリアのバーバラ・シーリングなどの型破りな研究者たちの著作の中で、途方もない所にまで及んだ。アイゼンマンは頑強に、死海文書は「まさにパレスチナでキリスト教の起源となった運動の実像」、あるいはむしろ「キリスト教がパレスチナにおいて実際にどのようなものであったかの実像」を提供すると主張した[28]。彼は、この実像が事実上、われわれに伝わってきたキリスト教とは真逆のものであると認めつつ、それはキリスト教が異邦人世界へと拡張したときに変容したものであると主張した。キリスト教のこの両段階は、「同じ語彙、証拠テクストとしての同じ聖書文言、よく似た概念の文脈を用いていた。しかし一方は、他方の反転鏡として特徴付けられる。パレスチナのそれは熱狂的、国家主義的、好戦的、異文化嫌悪的、黙示的であったが、異邦人世界のそれは国際的、無律法主義的、平和主義的――一言で言えば『パウロ化されたもの』であった。同じように、前者のそれを、ヤコブ的なものと言うことができる」[29]。彼は、「義の教師」は主の兄弟ヤコブに他ならないと論じた。アイゼンマンにとって、死海文書を解く鍵は、『ダマスコ文書』の中で暗号化されて用いられているダマスコという語であった。彼はこれを、クムランを指す暗号と解した。パウロがダマスコにいるキリスト教徒を迫害するためにそこへと出発したとき、彼は、本当はクムランに出発したというのである。学界は残念なことに、この洞察に目を塞ぎ続けているのだという。

「義の教師」はイエスの弟ヤコブであったというアイゼンマンの主張は、これまでに提唱されてきた中で最も奇妙な説ではない。オーストラリア人学者バーバラ・シーリングは、洗礼者ヨハネを「教師」とし、イエスは「悪しき祭司」に他ならないとした[30]。シーリングに公平を期して言えば、彼女が主張したのは、イエスが本当に「悪しき祭司」であったということではなく、彼が死海文書の宗派からそのように見なされたということだけである。この理論にとっての妨げとなるのは、イエスが祭司ではなかったという事実である。アイゼンマンはこの祭司の役割を聖パウロに帰したが、パウロに祭司としての経歴があったということも同様に証明されない。アイゼンマンやシーリング

（とその他数人）の理論は、ここでは主に好奇的なものとして言及した。すなわち、学者たちが死海文書を初期キリスト教に関連付けようと熱中したがために生じた奇妙な逸脱である。

共通の文脈

死海文書の中に初期キリスト教のまさに原型を見つけようとする多くの野心的な試みが妄想であることが明らかにされてきた一方で、死海文書が多くの点で新約聖書に光を照らすのは間違いない。この二つの運動は、時間的に重なり合い、文化的な文脈も同じであった。彼らは同じ聖典を使い、しばしばそれらを同じ方法で用いた。死海文書は、当時のすべてのユダヤ人にとっての関心事であった離婚や安息日遵守などの事柄をめぐる議論についての文脈を提供している。クムランで見つかった知恵のテクストは、パウロの手紙に見られるのと同じ形で、肉体と精神を対比している。また別の知恵のテクストには、詳細はかなり異なるものの、「山上の説教」と少なくとも形式のよく似た「幸い」の章句が含まれる。この宗派が他のユダヤ教とは異なる点を示している「トーラーのいくつかの業」についての解説である4QMMTは、パウロが「律法の業」という言葉で表していることの並行として引き合いに出されてきた。メルキゼデクと名付けられた天的な人物についてのある文書は、『ヘブライ人への手紙』の中のメルキゼデクについての謎めいた言葉のおよその背景を提供している。例は他にもたくさんある。しかし、これらのことから新約聖書の著者たちが、クムランで見つかった特定のテクストによる影響を受けた可能性が主張されることはほぼない。肝心なのはむしろ、両者の運動が同じ文化的、宗教的な伝統を引き継いでおり、彼らの神聖なテクストをしばしば同じ方法で理解していた、またはそれらについて似たような問いが生じていたということである。

しかしながら、二つの運動の様相を見てみると、少なくとも類似点よりも相違点の方が顕著である。クロスが主張したように、いずれの運動もメシア（たち）の到来（または再来）を待望し、この世での行為が次の世における救済あるいは破滅を決定すると信じていた。『戦いの巻物』で構想されている筋書は、『ヨハネの黙示録』のそれとさほど遠くない。どちらも、善の力と悪の力との間の激しい対立と、後者の最終的な破壊を予想している。しかし、二つの運動の中では、救済につながると考えられている行動の類が根本的に異なる。死海文書では、純粋な状態の獲得と維持に重点が置かれており、これは「穴の人々」〔1QS 9:16, 10:19, CD 6:14-15〕と呼ばれる社会の他の部分から自らを分離することによって達成された。イエス、また更にパウロは、それとは対照的に、儀礼法の遵守に重きを置かなかった。イエスによれば、人を汚すのは、人の中に入るものではなく、人の口から出てくるものである〔マコ七18以下参照〕。そこでパウロは、不浄の世界からの分離とは程遠く、異邦人への宣教を開始した。エッセネ主義とキリスト教は、本質的に同じ環境で起こったにもかかわらず、異なる価値観を持った、異なる運動であった。

文献案内

デュポン＝ソメールとアレグロの仕事をめぐる論争についての興味深いが煽情的な記述は、Michael Baigent and Richard Leigh, *The Dead Sea Scrolls Deception*（London: Jonathan Cape, 1991）に見られる。アレグロの娘ジュディス・アン・ブラウンは、*John Marco Allegro. The Maverick of the Dead Sea Scrolls*（Grand Rapids, MI: Eerdmans, 2005）の中で、彼女の父親の経歴について同情的な記事を書いている。デュポン＝ソメールの経歴については、André Lemaire, "Qumran Research in France," in Devorah Dimant, ed., *The Dead Sea Scrolls in Scholarly Perspective: A History of Research*（STDJ 99; Leiden: Brill 2012）, 433-47も参照。

より最近になって論争を呼んだのが、Michael Wise, *The First Messiah. Investigating the Savior Before Christ*（San Francisco: Harper, 1999）やIsrael Knohl, *The Messiah before Jesus. The Suffering Servant of the Dead Sea Scrolls*（Berkeley: University of California Press, 2000）などの著書である。彼らの理論の評価については、John J. Collins and Craig A. Evans, eds., *Christian Beginnings and the Dead Sea Scrolls*（Grand Rapids, MI: Baker, 2006）, 15-44を参照。また、John J. Collins, "The Scrolls and Christianity in American Scholarship," in Dimant, ed., *The Dead Sea Scrolls in Scholarly Perspective*, 197-215も参照。ガブリエルの幻について、今では、Matthias Henze, ed., *Hazon Gabriel. New Readings of the Gabriel Revelation*（SBLEJL 29; Atlanta: Society of Biblical Literature, 2011）を参照。クムラン出土のメシア的なテクストをめぐる包括的な議論については、John J. Collins, *The Scepter and the Star. Messianism in Light of the Dead Sea Scrolls*（2nd ed.: Grand Rapids: Eerdmans, 2010）を参照。

アイゼンマン、シーリング、ベイジェントとリーの著書に対する鋭い批評は、Otto Betz and Rainer Riesner, *Jesus, Qumran and the Vatican. Clarifications*（New York: Crossroad, 1994）〔オットー・ベッツ／ライナー・リースナー『死海文書——その真実と悲惨』清水宏訳、リトン、一九九五年〕やKlaus Berger, *The*

Truth under Lock and Key? Jesus and the Dead Sea Scrolls（Louisville, KY: Westminster John Knox, 1995）に見られる。ベッツとリースナーはまた、『マルコによる福音書』の断片がクムランから発見されたというホセ・オキャラハンによる短命の理論の誤りも証明している。当該の断片には、単語が一つ（kai＝「そして」）だけ含まれていた。

死海文書と新約聖書の慎重かつ学術的な概要については、Jörg Frey, "Critical Issues in the Investigation of the Scrolls and the New Testament," in Timothy H. Lim and John J. Collins, eds., *The Oxford Handbook of the Dead Sea Scrolls*（Oxford: Oxford University Press, 2010）, 517-45 を参照。

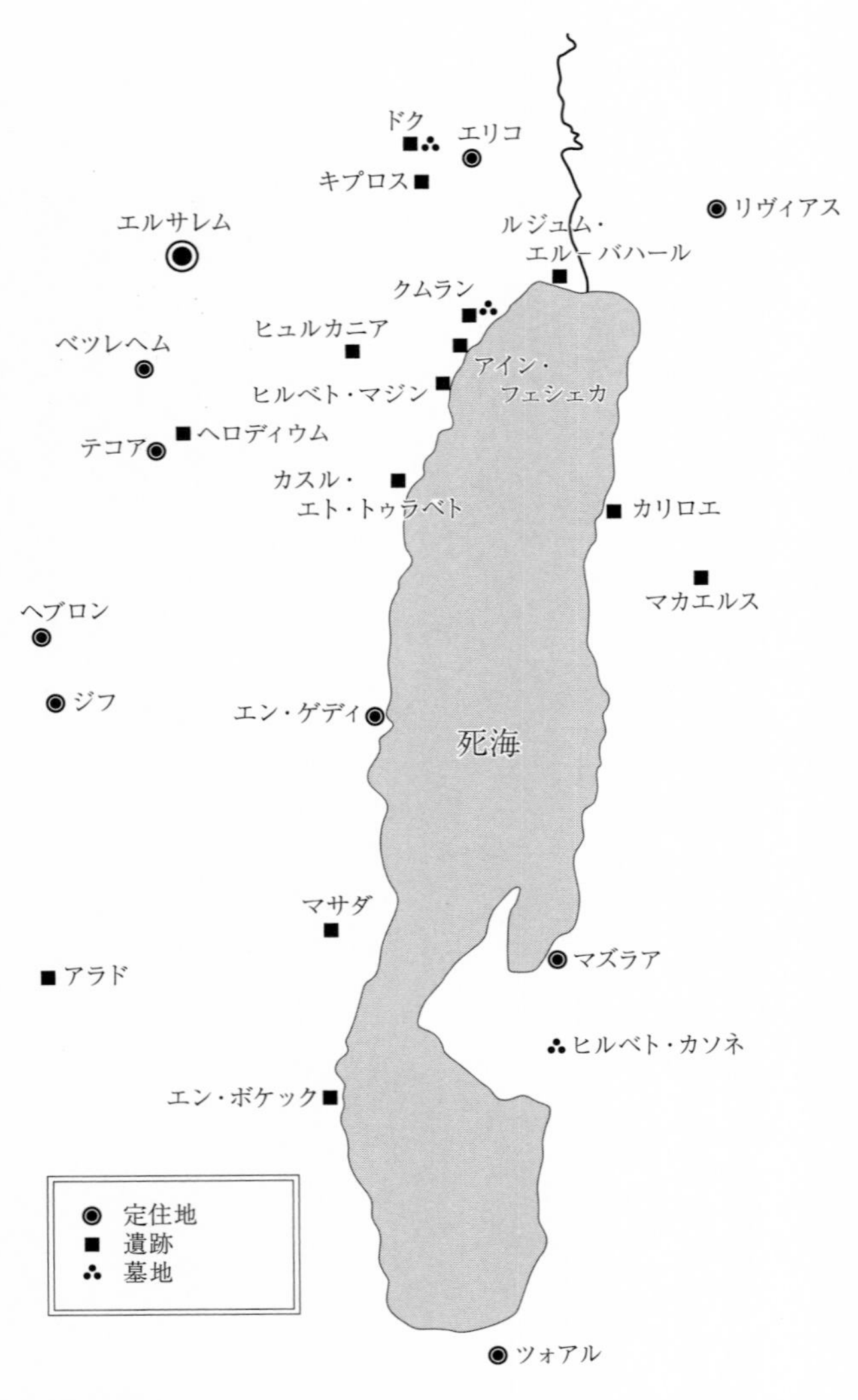

死海周辺の地図
出典：*Beyond the Qumran Community*, Eerdmans Publishers.

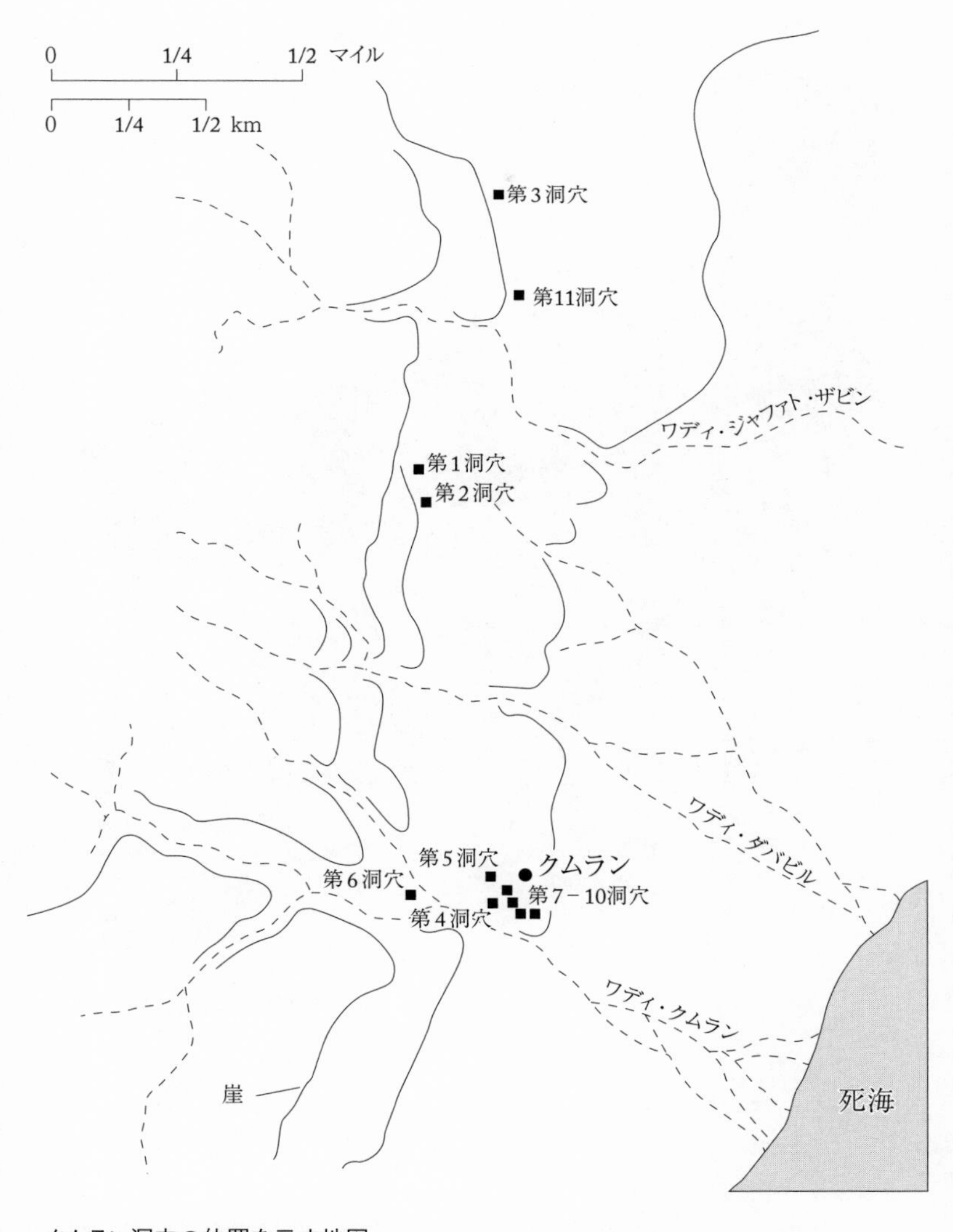

クムラン洞穴の位置を示す地図
出典：*Beyond the Qumran Community*, Eerdmans Publishers.

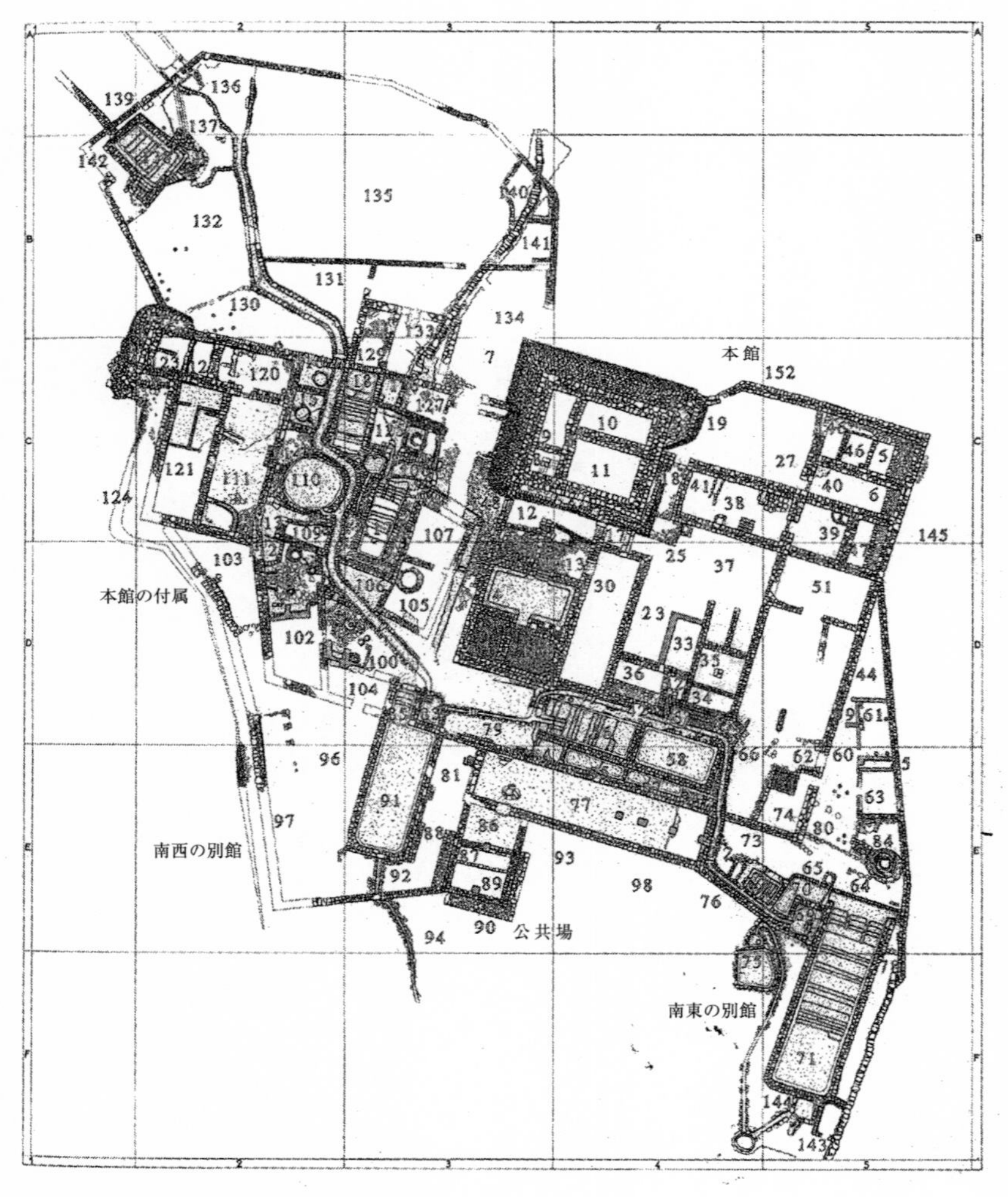

クムランの元来の要塞見取図
出典：Jean-Baptiste Humbert and Alain Chambon, *Fouilles de Khirbet Qumrân et de Ain Feshkha*（NTOA.SA 1; Fribourg: Editions universitaires, 1994）.
École Bibliqueの厚意による

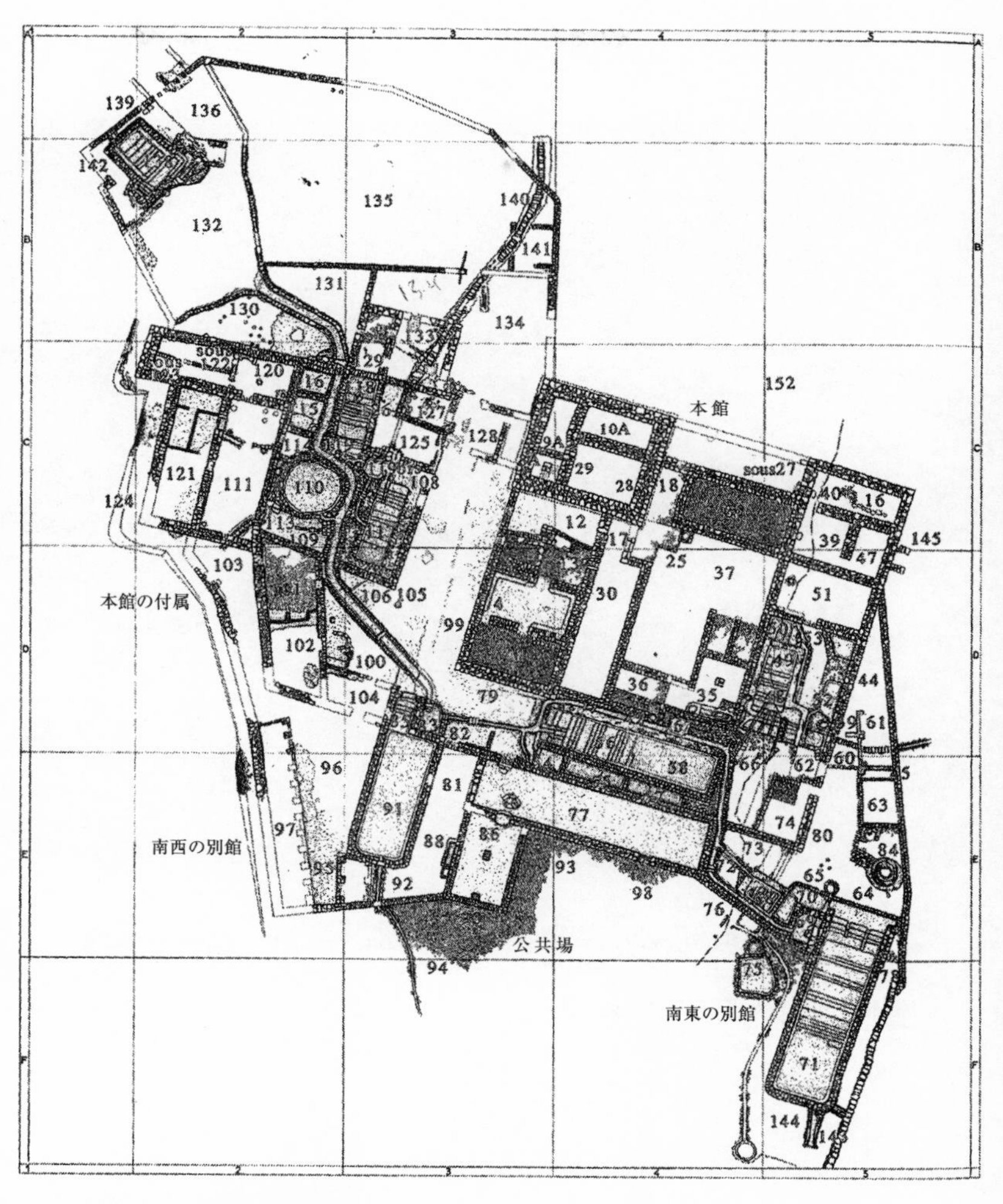

クムランの第 **Ib**期見取図

出典：Jean-Baptiste Humbert and Alain Chambon, *Fouilles de Khirbet Qumrân et de Ain Feshkha*（NTOA.SA 1; Fribourg: Editions universitaires, 1994）.

École Bibliqueの厚意による

クムラン鳥瞰図（手前が北）
出典：Y. Hirschfeld, *Qumran in Context: Reassessing the Archaeological Evidence*（Hendrickson, 2004）.
École Biblique の厚意による。

Oriental Research Director Reveals Discovery Of Old Testament Scroll

Four Ancient Documents Including Book Of Isaiah, Unearthed In Jerusalem

From the shelves of an almost forgotten monastery library, the earliest known manuscript of the entire Biblical book of Isaiah from the Old Testament has been discovered in Palestine, it was announced yesterday by Yale Professor Millar Burrows, the Director of the American School of Oriental Research at Jerusalem.

Three other unpublished ancient Hebrew manuscripts have also been brought to light by scholars in the Holy Land. Two of them have been identified and translated while the third still challenges recognition.

First Century BC Origin

The book of the prophet Isaiah was found in a well preserved scroll of parchment. Dr. John C. Trever, a Fellow of the School, examined it and recognized the similarity of the script to that of the Nash Papyrus, believed by many scholars to be the oldest known copy of any part of the Hebrew Bible.

This discovery bears particular significance since its origin is dated about the first century BC. Other complete texts of Isaiah are known to exist only as recently as the ninth century AD.

Found In Monastery Library

All of these ancient scrolls, two in leather and the others in parchment, have been preserved over the centuries in the library of the Syrian Orthodox Monastery of St. Mark in Jerusalem. They were submitted to the American School of Oriental Research for study and identification by the Metropolitan Athanasius Yeshue Samuel and Father Butros Sowmy of the Monastery.

Aside from the book of Isaiah, a second scroll is part of a commentary on the Book of Habakkuk. Habakkuk is a Minor Prophet whose work constitutes one of the books of prophecy of the Old Testament. A third appears to be the manual of discipline of a comparatively unknown little sect or monastic order, possibly the Essenes. The fourth manuscript is still unidentified.

『イェール・デイリー・ニュース』1948年４月12日の記事

第五章　死海文書とユダヤ教

死海文書が初めて公にされたとき、主として学者たちが驚かされたのは、それらが明らかにした世界観と伝統的なラビ・ユダヤ教の世界観との違いだった。最も顕著だったのは、『共同体の規則』の一節であり、それは「二つの霊の教え」として知られるようになる。

今あることも、これからなるべきこともすべて、知恵の神から出て、しかもそれらがなる前から、かれはそれらをすべて計画した。かれの栄光の計画に従って、それらが定め通りになるとき、それらの働きを全うし、何一つ変えない。万物の掟をその手に収めるかれは、それらのすべての望みを叶える。

かれは人を創って地を支配させ、かれの報いのときまで、それによって歩むべき二つの霊を人に与えた。すなわち、真実の霊と不義の霊である。真実の由来は光の泉から、不義の由来は闇の源からである。義の子らはすべて光の君に支配され、光の道を歩む。不義の子らはすべて闇の天使に支配され、暗黒の道を歩む。闇の天使のゆえに、義の子らはみな迷い、その過ち、罪、咎、背きの業はすべて、その時が終わるまで、神の秘密に従って、彼の支配下にある……

これら（二つの霊）にすべての人の子の由来があり、彼らの群れはみな代々にわたって、これらの区分に与り、これらの道を歩む。そして彼らの業の働きはすべて、世々代々いかなる時にも、人が多かれ少なかれそれに与る程度に応じて、これらの区分に入る。なぜなら、神は終わりのときが来るまで、これらの霊を等分して、これらの区分の間に永遠の敵対関係を置いたからである……しかし神はその思慮の秘密と栄光の知恵とによって、不義の存続する期間を定め、報いの時にはこれを永久に滅ぼす〔第三欄15行目—第四欄19行目〕。

これは、ヘブライ語聖書にも後のラビ・ユダヤ教にも並行例のない、世界の二元論的な視座であった。この記述によれば、この世界に悪が存在するのは、神が創造時に世界を善と悪に分けたことによる。人々はすべてどちらかに完全に割り振られているのか、あるいはむしろ個々に振り分けられているのかについてはどこか曖昧である。しかしいずれにしても、人間の状態は予め定められていたように見える。

この二元論の別の側面は、クムラン第一洞穴で見つかった最初の七つの巻物の一つでもある『戦いの巻物』で詳しく述べられている。これは、「闇の子らの一群、ベリアルの軍団に対する光の子らの攻撃を放つ戦いの規則」という言葉で始まる。この巻物は、相反する二つの力の間で繰り広げられる最後の戦いについて指示を与えるものである。光の子らは大天使ミカエルによって導かれる。闇の子らには、このテクストでは通常ローマ人と同定されるキッティーム[1]が含まれ、彼らはサタンのような人物であるベリアルによって導かれる。戦いは七つの局面に分けられる。両陣営はそれぞれ三つの局面で勝利を収めるが、七つ目には神の強力な手が勝利するのである。

黙示的ユダヤ教

善と悪の間で繰り広げられる最終的な戦いの待望は、ユダヤ教の伝統において特に新しいものではなかった。決定的な神の介入は、預言文学に見られる一般的な主題である。それは、紀元前二世紀において顕著となった黙示文学の中で、より際立つようになる。「黙示」（*apocalypse*）という言葉は、ギリシア語の「啓示」という語に由来する。黙示とは、超自然的な啓示であり、それは一方で、天上世界の秘密を、また他方で、終末論的な審判の秘密を明らかにする。『ダニエル書』は、ヘブライ語聖書の中で、このジャンルに入れられる唯一の本格的な例であり、紀元前一六七―一六四年のシリア王アンティオコス・エピファネスによるユダヤ人迫害を神話的に描いている。異邦の諸王国は、古代近東の神話から取り入れられた形象によって、海から現れる獣として描写されている。しかしながら、ユダヤ人たちは、イスラエルの王子として描かれた大天使ミカエルと、いと高き方の聖者たち、または天の主によって守られている。最終的に異邦の獣は滅ぼされ、王国は、ヘブライ語聖書におけるヤハウェのように、雲に乗ってやって来る「人の子のような者」に与えられる。この人物はおそらく、大天使ミカエルと同定されよう。『ダニエル書』はまた、迫害の時に殺された「賢者たち」が、死から起こされ、星と共に輝くことを約束している。黙示的な慣用では、これは彼らが天の主の仲間になることを意味する。『ダニエル書』は、ヘブライ語聖書の中で、復活の希望について語る最初の明確な証言である。

その他の黙示文学の例は、『エノク書』に見られる。この文書のいくつかの部分は、紀元前三世紀後半ないし二世紀初めに年代付けられる。エノクは、洪水の前に天に上げられたと考えられていたため〔創五24参照〕、彼には宇宙の神秘と歴史の経過の両方を明らかにするという特異な位置付けが与えられていた。ユダヤ教の黙示文学は通常、偽名による、すなわち実際の著者とは別の人物に帰される。その名が冠された著者は一般に、はるか前の時代に生きた人物であることから、実際の著者の時代に至る歴史の経過を正確に「予言」することができた。それが今度は、終わりのときの出来事に関する予言の信頼性を高めた。『エノク書』のある箇所は、星の動きや宇宙論的な詳細に関わる。それらは死者の住処を含めて、人類からは隠されているものであった。また別の箇所は、予言という形で、歴史の壮大な概観を示し、そして最後の審判を予告する。エノクはモーセよりもずっと前に生きたと考えられたため、『エノク書』の最も古い部分は、モーセの律法についてはっきりとは言及しておらず、またそれ故にラビの伝統とは全く別種のユダヤ教を表しているように見える。

紀元前二〇〇年から一〇〇年の間に花開いた黙示文学は、『ダニエル書』を別にすると、ユダヤ教伝統の中では保持されなかった。いくつかのものは、キリスト教徒たちの間で、専ら翻訳された形で生き残ったが、それでもそれらの大半は西方キリスト教では何世紀にもわたって知られていなかった。五つの『エノク書』の集成である『第一エノク書』は、エチオピアにおいて保持され、そこでは聖典と見なされていた。この文書は一八世紀の終わりにスコットランドの旅行者によってイギリスに持ち帰られ、一九世紀初めには最初に英語、続いてドイツ語に翻訳された。その後、シリア語や古代教会スラブ語などで記されたその他一連の黙示文学が発見された。これらの著作は明らかにキリスト教徒によるものではなく、伝統的なユダヤ教とも一致しなかった。その結果これらは一九世紀にはしばしば、ギリシア語やラテン語の著作には記載があるものの、ヘブライ語の資料では知られていない謎の宗派であるエッセネ派の著作であると主張された。この主張は、ギリシア語やラテン語の著述家たちがエッセネ派に黙示的な見解を認めていなくとも成り立った。伝統的なユダヤ教のカテゴリーに上手く適合しない著作は、伝統的なユダヤ教に認められていなかった集団に帰された。それは事実上、未知のものを未知のものに帰するということであった。

既に見たように、死海文書がエッセネ派の著作であるという意見は、それらが発見されるや否や出された。それは一つには、ローマの著述家プリニウスがエッセネ派の共同体を死海の西に位置付けていたこと、また一つには、ヨセフスによるエッセネ派の組織についての記述と、クムランで発見された『共同体の規則』とが似ていたことによる。死海文書に黙示的な文書が含まれていたという事実は今や、それらがエッセネ派によるものであることの確認として捉えられた。デュポン＝ソメールが記すに、「ユダヤ教の『新しい契約』をエッセネ派と見なすことに有利にはたらく別の論点が、重要な示唆を持つ次の事実である。すなわち、エッセネ派の手によることが、少なくともその可能性が非常に高いと真面目な学者たちによって以前から見られていたいくつかの文書は、最近の発見に照らして、同じように『新しい契約』の宗派と関連づけられるのである」[2]。クムランでは、『ダニエル書』のいくつかの写本だけでなく、ダニエルに帰される他の啓示文書の断片も発見された。また『エノク書』の大部分のアラム語断片や、『ダマスコ文書』の中で聖書として引用されているように見える『ヨベル書』のヘブライ語断片も見つかった。その他のアラム語断片は、『十二族長の遺言』に関連するものだった。死海文書が発見される前は、『第一エノク書』などの偽典が本当にユダヤ人の手によるものかどうか疑問の余地があった。死海文書によって、少なくとも『第一エノク書』や『ヨベル書』など、今やそれらの元来の言語で存在が確認されている文書の場合には、この問題は解決された。また死海文書は、ラビたちに取り込まれた伝統とは異なるユダヤ教の要素についての更なる証拠を提供した。そこでの関心は、律法の正確な解釈についての議論ではなく、終末論的な期待で占められていた。

ゾロアスター教の影響か？

しかしながら、「二つの霊の教え」や『戦いの巻物』の黙示主義は、『エノク書』や『ダニエル書』に見られるものとは著しく異なっていた。人類が創造以来、光の力と闇の力の間に分けられているという点で、より強く二元論的であった。この世界観に最も近いものは、ペルシアの預言者ゾロアスターの教えの中に見られた。ギリシアの著述家プルタルコスによるゾロアスター教についての次の説明を参照されたい。

しかし、彼ら（ペルシア人）もまた、神々についてさまざまな神話的な物語を伝えており、例えば次のようなものがある。ホロマゼスは最も清い光から生まれ、アレイマニオスは闇から生まれ、互いに戦っている。……テオポンポス曰く、マゴス僧によれば、三〇〇〇年の間は二つの神が交代に、一方が支配して他方が支配されるが、次の三〇〇〇年の間彼らは争って戦争を起こし、一方が他方の神の成果を壊してしまう。(3)

この記述では、二つの霊は根源的なもののようである。ゾロアスター教の伝統の最も古い部分であるゾロアスターの賛歌ガーサーでは、二つの霊は、至高の神である賢き支配者アフラ・マズダ

（プルタルコスの記述ではホロマゼス）の双子である。悪しき霊は、「嘘」と関わる。『ダマスコ文書』では、「教師」の反対者が、「嘘の男」として知られる。

学者たちは長きにわたり、紀元前二世紀のユダヤ教の中に新奇なものとして姿を現した、黙示主義として知られる思考体系のすべてが、ゾロアスター教の影響によるものかもしれないと疑っていた。ゾロアスター教の特徴としては、二元論に加えて、決定論や諸時代への歴史区分がある。復活信仰は、それがユダヤ教に現れるはるか前から、ペルシアの宗教の中に見られる。しかしながら、学者たちがゾロアスター教の影響に大きな重要性を見出すことに警戒してきたのには、二つの理由がある。それは、ゾロアスター教の最も重要な資料の大半は比較的年代の新しいもので（紀元後六―九世紀）、そこには明らかに古い伝統が保持されているものの、その詳細をつかむことは容易ではないこと、そして古代ユダヤ教とゾロアスター教の両方について研鑽を積んだ学者が極めて少ないことがある。古代ユダヤ教の学徒たちは、原語で読むことができず、文脈を把握できないテクストを敬遠する傾向がある。その結果として、ゾロアスター教の影響の問題が、それに値する注目を集めることが滅多にないのである。それにもかかわらず、二つの世界観の類似は明白であり、否定はできない。

おそらく不幸だったのは、死海文書の二元論が持つイランの宗教との親和性を最初に示した学者であるカール・ゲオルク・クーンがナチ党の積極的なメンバーで、反ユダヤ主義に侵されていたということである。[4] クーンは戦後、自らの関与の程度を十分に認めることなく、彼のナチとしての過去から距離を置こうとした。しかしながら、彼はラビ文献について研鑽を積んだ当時の数少ないドイツ人学者の一人であり、ペルシア語の知識を含めたすぐれた文献学的な礎を備えていた。最終的に、彼は一九六四年、ゲアハルト・フォン・ラートとギュンター・ボルンカム両氏の推薦により、ハイデルベルク科学アカデミーへの加入を許される。二人はいずれもナチスの断固たる反対者で、告白教会のメンバーであった。クーンのかつての罪が何であれ、また彼のイデオロギーが残っていたとしても、彼は死海文書に関するドイツにおける学界の創始者となり、幾人かの重要な学者たち（G・イェレミアス、H－W・クーン、H・シュテーゲマン）を養成した。ゾロアスター教との親和性は、クムラン宗派のユダヤ教としての性質を減退させるものではなかった。クーンは一方で、それはユダヤ教の伝統にしかと根差しており、その律法遵守ないしハラハーはファリサイ派のそれよりも厳格であったと記す。その一方で、「二つの霊の教え」などの記述で明らかになるその世界観や自己理解は、ファリサイ派のそれとは根本的に異なっていたのである。[5] クムラン宗派は他のユダヤ教の宗派のように、律法と預言者を拠り所としていた。

黙示的な伝統

多くの学者たちは、儀式的な清浄とモーセの律法の厳守に執着していたユダヤ人共同体が、ゾロアスター教の影響を受けていた可能性があると信じることに消極的であった。しかしながら、それが黙示的な共同体であったという考えは成り立った。フランク・ムーア・クロスの言葉によれば、「エッセネ派はユダヤ教の黙示的な伝統の担い手であり、少なからず生みの親であることが分かる」(6)。クロスは、この宗派の親がひとりではなかったことを認めており、儀式的な清浄についての祭司法も根本的に重要であったことに十分気付いていた。祭司的な要素は、伝統的なサドカイ派の家系が、マカバイによる反乱の前にエルサレム神殿から追放され、マカバイ(ハスモン人)が大祭司職を奪取したときに権力の座から締め出されたという事実の結果として生じたものだった。これらの追放された祭司たちが、クムラン宗派の中核になったと考えられた。黙示的な伝統は、マカバイ時代のハシディズム(敬虔主義)から受け継がれた。これらの「敬虔な者たち」は、『マカバイ記』では数回しか言及されない。彼らはマカバイの支持者たちであったが、伝統的な家系から大祭司(アルキムス)が任命されたときには平和的な関係を築こうとした。黙示文学を作り上げたのはハシディーム(敬虔な者たち)であると折に触れて信じられてきたが、『マカバイ記』における数少ない言及の中に、このことを示唆するものはない。いずれにせよ、黙示的な伝統は、パレスチナのユダヤ教においてファリサイ派・ラビ伝統に代わるものであり、最終的にキリスト教に取り入れられたのは、この伝統であった。

これらすべては、一九世紀に、エッセネ派についての非常に少ない証拠に基づいて既に主張されていたことである。この宗派の黙示主義を示す証拠は今や、「二つの霊の教え」や『戦いの巻物』だけでなく、多くの断片的な予言テクストなど、かなりの数に及ぶ。エッセネ派が黙示的な伝統の担い手であったという見解には、いくつかの過度な単純化が含まれていた。彼らは確かにその担い手であったが、黙示主義は単一の運動に限定されるものではなかった。エッセネ派からも、終末論的な伝統からも、初期キリスト教へと一直線に結び付けることはできない。キリスト教は、エッセネ派自身と同じく、一つ以上の方面から影響を受けたのである。

死海文書や宗派を黙示的なものとする見解は存続したが、それは年月を重ねるにつれて、いくつかの新しい形をとった。一九七〇年代から八〇年代にかけて、エッセネ派はバビロンでの捕囚において形成され、紀元前二世紀にユダヤに帰還したものであるとの主張が、特にエコール・ビブリクのジェローム・マーフィー・オコナーによって提唱された。この理論は部分的に、『ダマスコ文書』の「ダマスコ」をバビロンの暗号として見ることに依拠したもので、根拠に乏しいこともあって、最終的には議論から姿を消す。しかしながら、オランダのフローニンゲン大学のアダム・ファン・デル・ワウデとフロレンチノ・ガルシア・マルティネスは、この見解への反論として、「フローニンゲン仮説」として知られるようになるものを提唱し、この宗派がユダヤの黙示的な伝統から発展したとの見解を再確認した（この理論は他にも、ここで扱う必要のない特徴をいくつか持つ）。ミシガン大学で教鞭を執っていたイタリア人学者ガブリエレ・ボッカッチーニは、この伝統を「エノク的ユダヤ教」と定義してこの理論に新たなひねりを加えた。ボッカッチーニの見解によれば、これは大祭司の家系のサドカイ派の伝統に加え、モーセの伝統に代わるものだった。フローニンゲン仮説もボッカッチーニの「エノク的ユダヤ教」論も、死海文書の黙示主義と『エノク書』との間の連続性についての妥当な観察に基づいていた。しかし、どちらも死海文書の背後にある伝統が一系統のみであったと見なす還元的なものであった。

ユダヤ学における死海文書

死海文書に関する研究の最初の二〇年間は、キリスト教の学者たちによって支配されていた。彼らの主たる関心は当然ながら、死海文書が放つキリスト教を照らし出す光にあった。死海文書の大部分は、スケニークとヤディンによって取得されたものを除いて、ヨルダンの支配下にあったため、ユダヤ人の学者は断片を利用する権限を持っておらず、公式の編集チームによる苛立たしいほど遅い公刊を頼りとしなければならなかった。その結果として、死海文書をラビ・ユダヤ教に関連付ける試みは、この期間にはほとんどなかった。

いくつかの例外はあった。ニューヨークのユダヤ教神学院の偉大なタルムード学者ソール・リーバーマンは、『共同体の規則』に記されている組織を、同じく清浄の度合いによって入信を規制していたファリサイ派の共同体（ハブラー［*havurah*］）の組織と比較した。[7] 彼はまた、ラビ文学における正統ではない実践についてのいくつもの暗示を考慮に入れることで死海文書に光を当てようとした。[8] ハイム・ラビンは更に進んで、クムラン集団は、権威あるラビたちに取り入れられたより柔軟なイデオロギーに反して、（彼らがそう解したところの）「純粋な」ファリサイ主義を守ろうとする強硬なファリサイ派の集団であったと論じた。(9)彼はその証拠を主に『ダマスコ文書』の中に探したが、これはクムラン第一洞穴のテクストとは異なり、法解釈についての重要な議論を含んでいた。しかしながら、これらの試みは、この時期における議論の脇役に過ぎなかった。この時期における代表的なユダヤ人の死海文書の解釈者として、スケニークの息子イガエル・ヤディンがいる。彼は一九五七年に死海文書の一般的な紹介記事を発表している。ヤディンは、彼の父と同じように、この宗派をエッセネ派と同定した。彼は、大半の学者たちと同じく、ファリサイ派は「『滑らかなもの』の探求者」で、『ダマスコ文書』を含むいくつかのテクスト、特に『ナホム書注解』に登場する宗派の敵であったと主張した(「滑らかなもの」を表すヘブライ語の単語ハラコートは、法規を表すハラホートの語呂合わせである)。しかしながら、彼はこれを、聖書解釈の議論からというよりも、むしろ聖書注解における歴史的な暗示から推論した。ヤディンは、「悪しき祭司」についてためらいを示しつつも、これを紀元前一世紀の第一四半期にハスモン朝の王で大祭司であったアレクサンドロス・ヤンナイオスとする意見を支持した。彼は穏当に、「教師」自身は祭司であったと述べている。宗派が分離した原因について、彼は意見を表明していないものの、当時一般に想定されていたように、祭司職をめぐる論争に巻き込まれたものと推測できるかもしれない。

こうした状況を一変させたのが、一九六七年のアラブ・イスラエル戦争である。東エルサレムのロックフェラー博物館の死海文書は今や、イスラエルの管理下に置かれた。イスラエルは、公式の編集チームが二〇年以上そこに留まることを許可したが、イスラエルによる状況管理が行われたことが、最終的には死海文書の公刊にとって決定的となる。しかし、より直接的に重要だったのは、ヤディンの兵士たちによって、『神殿の巻物』として知られた長大な文書が古物商カンドーから取得されたことであった。最初に一九七七年にヘブライ語で、そしてその後の一九八三年に英語で行われたヤディンによるこのテクストの公刊は、死海文書の研究における画期的な出来事であろう。

『神殿の巻物』

クムラン第一一洞穴出土の『神殿の巻物』は、クムラン周辺の洞穴から発見されたテクストの中で最長である。これはモーセに対する神の啓示という形式になっている。『出エジプト記』三四章のシナイ契約の更新から始まり、そして『出エジプト記』三五章の神殿の建設へと移る。この巻物の名は、神殿の構造と備品、それに関連する律法、祭儀暦について多くの紙幅が割かれていることにちなむ。本文書ではまた、神殿と聖なる都のための清浄規定についても詳しく扱われている。写本の最後の部分は、神殿とは関係のない『申命記』一二―二三章の律法の書き換えである。この最後の部分では、『申命記』一七章の王に関する法について幅広く論じられており、そこでは聖書テクストよりも更に王の権威を制限し、祭司の権威に王を従わせている。

このテクストはいくつかの点で極めて興味深い。話者に一人称が用いられることで、律法が神による直接の語りとして示されている。それ故に、何人かの学者たちは、これは伝統的なトーラーに置き換わることが意図されており、事実上のトーラーの新しい定式化であったと想定する。他の学者たちはそれを疑い、本文書は既存のトーラーを補足し解釈することを意図していたと考える。これがトーラーの唯一の版として独立していたということはほぼあり得ないだろう。例えば、本文書には十戒が含まれていない。それにもかかわらず驚くべきは、そこに見られる神の権威についての主張である。

『神殿の巻物』の一部は、バビロン捕囚後の新しい理想的な神殿の設計図を提供する『エゼキエル書』四〇―四八章に遡る伝統に基づいている（クムランからは、新しい理想的なエルサレムについて描く別のテクストも発見されており、これは適切に「新しいエルサレムのテクスト」と呼ばれる）。これはやや現実味を欠いたユートピア的な文書である。そこでは神殿の規模が拡大されており、神殿がその通りに存在したとすれば、当時のエルサレムの町の大部分を占めたであろう。しかしながら、この神殿は終末のときのためのものではなく、最後の時には置き換えられることになる。

この巻物の一部は、トーラーのさまざまな律法の相違を調和させる試みである。いくつかの場合には、伝統的な聖書テクストに記されているものを超えているが、古いトーラー解釈としての新しい規則は示されていない。むしろ、それらを神からの直接的な啓示として示している。この点において、本文書は『ダマスコ文書』を含むクムラン出土の他のテクストと著しく異なる。またこの理由から、学者たちの大多数は、これが厳密には宗派的な文書ではないと結論付けた。しかしこの文書は、宗派が他のユダヤ教から分離する前に書かれたものかもしれない。本文書は例えば、『ダマスコ文書』に見られるような「教師」と彼の運動に抗する反対者の論争には立ち入らない。それにもかかわらず、ここには明らかに死海文書を生み出した伝統が示されている。

しかしながら、本書におけるわれわれの物語にとって、『神殿の巻物』が持つ重要性は、主としてその具体的な教えにではなく、むしろ宗教法、特に清浄に関する法に重きが置かれていることにある。本文書は、その成立の年代は不明で意見が分かれるが――おそらくは紀元前二世紀後半または一世紀初頭と思われる――、いずれにせよ、ユダヤ教の教師たちが、ラビ文献がまとめられる前の数世紀間、宗教法の問題を解決するために彼らの聖典を精査していたことを示している。ラビ文献について研鑽を積んだユダヤ教の学者たちは今や死海文書の中に、取り組むべき同様の関心事を持つ資料集成を手にしたのである。その結果、ヨセフ・バウムガルテンやローレンス・シフルマンなどの学者たちを筆頭に、一九六七年以前にはわずかな注目を集めただけだった死海文書におけるハラハーないし宗教法に対する関心は高まりを見せる。

「ハラハー書簡」4QMMT

もう一つの重要なテクストは、一九八四年に初めて学界に明らかにされた。このテクストは、4QMMT（ミクツァト・マアセ・ハ－トーラー、「トーラーのいくつかの業」）として知られるが、「ハラハー書簡」（ないしは、宗教法に関する書簡）としても知られている。テクストは、実際には書簡の形式ではないが、イスラエルの指導者、おそらくは大祭司に宛てられた論考であり、第三者による律法の解釈よりも、むしろ書き手による律法の解釈を受け入れるよう促している。これは次のように述べて終わる。もし彼がそのように行えば、それは「あなたの善行として数えられる。あなたは、自分の安寧のため、そしてイスラエルの安寧のために、かれの目に正しいことと善いことを行うことになるからである」。この文書は、一九八四年四月にエルサレムで開催された最初の国際聖書考古学会議において、ジョン・ストラグネルと、彼が共同作業に招いた若きイスラエル人学者エリシャ・キムロンによって発表された。ストラグネルとキムロンの見解では、このテクストは、「『義の教師』から『悪しき祭司』への書簡」であり、宗派とエルサレム当局との間の根本問題のあらましを語っている。ある一節では、次のようにはっきりと述べられている。「われわれは自らを、多数の人々から……そしてこれらの事柄に巻き込まれることから、また「彼ら」と共にこれらすべてに携わることから分離した」。

このテクストは、ユダヤ教義法との明らかな類似性ゆえに、一九五〇年代に注目され、4QMishnaic と名付けられていた。そのため、これは死海文書に携わっていたキリスト教の学者たちの興味を引くことはほとんどなく、脇に置かれていた。このテクストの重要性が認識されたのは、イスラエル人の学者たちが公刊作業に加えられたときになって初めてである。この文書には、この集団が自らを他のユダヤ社会から分離した理由について、死海文書のどこにも見られない最も明白な言及が含まれていた。この宗派は、広く想定されていたことに反して、大祭司制をめぐる論争が発端ではなかった。むしろ、宗教法の細部をめぐる論争が発端であった。
　このテクストの一部では、宗教暦について扱われている（テクストのこの部分が別文書か否かをめぐっては議論がある）。この宗派にとっての暦の重要性は早くから認識されていた。『ハバクク書注解』では、「悪しき祭司」が「贖罪の日、彼の休息の安息日」に、「教師」と対立したと伝えられる。（悪しき）大祭司自らが贖罪の日（ヨーム・キップール）を祝っていた時に、このような対立を起こしたとは考え難いため、二人の人物が異なる祭儀暦を守っていたことは明らかである。この巻物が概して示すのは三六四日の太陽暦であるが、神殿で守られていた伝統的な暦は三五四日の太陰暦であった。大半の学者たちが同意するところでは、この宗派が神殿から離脱したのは、暦の違いが主な理由であった。太陽暦は既に『神殿の巻物』と『ヨベル書』に見られるが、いずれもこの宗派が実際に離脱する前に書かれたと思われる。この相違は、しばらくの間は表面化せずくすぶっていたが、最終的には行動へとつながった。
　4QMMTの本体部分では、聖と清浄、供犠と一〇分の一、禁じられた性的関係などに関する二〇の主題について扱われている。いずれの場合も、著者の集団（「われわれ」）の見解が、他の集団（「彼ら」）の見解と対照されている。例えば、
　液体の流れに関して。われわれの考えでは、それらは浄でなく、これらの流れは不浄と浄の間の分離としては作用しない。というのも、流れる液体とそれらを受ける容器の液体は、よく

似た単一の液体（である）。

従って、汚れた容器の中に注がれている液体の流れ自体は不浄である。キリスト教の学者の観点から、また実際に多くの現代ユダヤ人の観点から見ると、これらの問題の多くは些細なもののように見えるが、著者やその反対者にとっては、律法が正しく守られているか否かを決するものだった。4QMMTで論じられている問題のいくつかは、ラビ文献にも見られる。反対者たち（「彼ら」の集団）の見解は、概してラビの見解と一致しており、結果としてラビの前身であるファリサイ派の見解と一致していた。いくつかの場合には、死海文書で支持されている見解はサドカイ派のそれと一致する。これは、著者とその集団がサドカイ派であったことを必ずしも証するものではないが、彼らが律法に対して似たような態度であったことを示している。すべての場合において、「われわれ」の集団の見解は反対者たちの見解よりも厳格である。4QMMTは、著者がどのようにして自らの立場にたどり着いたのかを説明していないが、目指されたのは明らかに、モーセの律法を正しく解釈することであった。著者は受取手に対して、モーセの書や預言者の書、ダビデの書を学ぶよう訴える。宗派の人々は、律法の真の解釈が彼らに明らかにされたと信じていたかもしれないが、もしそうであるとすれば、その啓示は彼らの学びの過程でもたらされた。

この巻物には他にも、エッセネ派と思われるこの宗派が、「『滑らかなもの』の探求者」と彼らが呼ぶファリサイ派と対立していたことの示唆が見られる。4QMMTから明らかとなったのは、この宗派がファリサイ派からだけでなく、社会の他の人々からも分離したことの主たる要因が、宗教法をめぐるこれらの論争だったということである。事実、このことは既に、イスラエルが彷徨う原因となった「隠された事」を神がこの宗派に明らかにしたと述べる『ダマスコ文書』から推測できるかもしれない。これらの「隠された事」には、祭儀暦だけでなく、「ベリアルの三つの網」(CD4)も含まれていた。すなわち、姦淫、富、そして神殿の冒瀆である。これらの問題のいずれについても、この宗派は、神殿を支配していた当局とは異なる律法の解釈を持っていた。『ダマスコ文書』第六欄では、新しい契約のメンバーについて次のように語られる。

彼らは悪の時代において、律法の細則に従って行動することに意を用いなければならない……彼らは、汚れたものと清いものとを区別し、聖なるものと俗なるものとの区別を教えること。安息日をその細則に従って、また定めの祭日と断食日とをダマスコの地における「新しい契約」に入る者の決定に従って守ること。聖なる物をその細則に従って取っておくこと。

このような箇所から、律法の厳密な解釈がこの宗派の存在理由であったことは明らかである。しかしながら、この事実が相応しい評価を得たのは、ようやく4QMMTが知られるようになってからである。

4QMMTはまた、この宗派がユダヤ教の他の部分から分離した時期についてのより的確な示唆を与えているかもしれない。ある一つの宗派の指導者が、彼の集団の裁定をファリサイ派の裁定にまさって採用するよう大祭司に訴えたのはいつだろうか。ファリサイ派の人々は、紀元前一世紀初めの紛争に巻き込まれ、特に紀元前一〇三年から七六年にかけて統治したハスモン朝の王アレクサンドロス・ヤンナイオスと衝突した。ある時、ファリサイ派の人々が、アレクサンドロスは大祭司に相応しくないとの理由で彼に対して反乱を起こすと、彼は約六〇〇〇の人々を殺害してこれに応じた。彼はその後、彼の反対者の約八〇〇人を十字架につけた。しかしながら、彼は死床で、彼の女王サロメ・アレクサンドラに対し、ファリサイ派と和解するよう助言する。彼女はそのようにし、彼らに統治を委ねた。ヨセフスによれば、

彼女は、すべての事柄をファリサイ派の指導者の意志通りに行うことを認め、また人々にも、それらに従うよう命じた。更に、ファリサイ派の人々が父祖たちの伝承に従って導入したあらゆる律法規定で、彼女の義父ヒルカノスが廃止したものを復活させた。つまり、彼女は王妃の称号こそ保持していたものの、権力はファリサイ派の人々が掌握していた（『古代誌』13.408-9）。

彼女はヒルカノス二世を大祭司に任命し、彼は紀元前六七年までその地位にあった。彼はその後、六三年から四〇年にかけて再任されている。ファリサイ派に対する王室の態度逆転と彼らの支配が、他の宗派からの抗議を引き起こしたとしても驚くに値しない。これはおそらく、ハスモン朝の歴史

の中で、トーラーのファリサイ派的な解釈に異議を唱える人々に対して大祭司が行動を起こした可能性が最も高い時期である。ヨセフス曰く、ファリサイ派の人々はアレクサンドロスに八〇〇人を処刑するよう促した人々を殺害するために女王の説得を試み、彼ら自身でそれらのうちの何人かを暗殺した。クムランで発見された『詩編注解』の中では、「悪しき（大）祭司」が「教師」を殺そうとしたと言われている。この宗派間の覇権争いは、律法のファリサイ派的な解釈をめぐる対立について、双方が大祭司の承認と支持を求めていたときの納得のいく文脈を提供する。事実、死海文書における歴史的な言及の大部分は、紀元前一世紀前半の人々や出来事に関するものである。それとは対照的に、紀元前二世紀半ば（ヨナタン・マカバイの時代）に宗派間の抗争があった証拠はない。しかしこの時期は長らく、また一部においては今なお、「教師」と「悪しき祭司」の時代と考えられてきた。

死海文書における神秘主義

しかしながら、この宗派の人々は宗教法にのみ関心を持っていたと考えるべきではない。彼らが神殿と論争を交わしていたことは明らかである。『ダマスコ文書』は、「契約に導かれた者はすべてかれの祭壇に火を灯そうとして空しくは聖所に来なかった」（CD 6）と述べている。これが意味しているものが、彼らが神殿に全く立ち入るべきではないということか、それとも彼らが正しい（宗派の基準による）手続きに従うよう注意を払うべきであるということかは明らかではない。この点に関して、エッセネ派の行動をめぐる記述には矛盾が見られる。フィロン曰く、彼らは供犠をささげることによってではなく、彼らの心を浄化することによって彼らの信心を示す。それに対し、ヨセフス曰く、彼らは神殿に奉納物を献ずるが、異なる儀式を用いており、公の域内に立ち入ることを禁じられている（『古代誌』18.19）。後者の記述は、『ダマスコ文書』に見られるものと相関性があるかもしれない。しかしながら、『共同体の規則』は、神殿に奉納物を献ずることについては何も述べておらず、共同体自体を神殿祭儀の代わりとなるものと見なしている。

それは……イスラエルの聖なる家、アロンの至聖の住まいである……彼らはその地のために贖いを行い、悪しき者に報いを返すために御心によって選ばれた者である（1QS 8）。

通常、神殿祭儀は定められた犠牲をささげることでその地を贖った。この宗派の目には、神殿は汚れていたので、彼らが行っていた方法で贖いを遂行することは彼らの責任であった。『ダマスコ文書』で想定されている状況と『共同体の規則』で想定されている状況との間には、おそらくいくらかの展開があり、神殿との決裂はより決定的なものとなっていた。

この宗派の人々は、神殿から分離すると、彼らの生活を天における天使たちの典礼と調和させようとした。ジョン・ストラグネルによって一九五九年に初めて出版された、『安息日供犠の歌』として知られるテクストは、当初は「天使の典礼」と名付けられていた。それは、さまざまな天使たちによって発せられた祈りや祝福について描写しているが、それらの言葉そのものを引用してはいない。例えば、「頭たる指導者たちの第七の者は、かれの聖性の名において、知識を基礎付ける者たちの中の聖なる者すべてを、かれの不思議な聖性の七つの言葉をもって祝福する」(『安息日供犠の歌 六』56―57行目)。この賛美にはおそらく、人間の共同体が参加した。また『感謝の詩編』ないしホダヨトは、共同体のメンバーが天使たちと一体であると信じていたことを示している。詩編の詠い手は神に感謝する。なぜなら、「あなたが曲がった霊を多くの咎から清めたので、それは聖なる万軍と共に立ち、天の子らとの共同体に入る」(1QH^{a} 11)からである。この宗派の生活にはすなわち、神秘的な側面があった。『共同体の規則』の最後に添えられた賛美では次のように述べられる。

私の目は見た。人には隠された知恵、人の子らには(隠された)知識と賢明な計画……神は選んだ者たちにこれらを永遠の所有物として与え、彼らに聖なる人々の運命を分かち与えた。かれは彼らの集まりを天の子らに加えて、共同体の会議とした(1QS 11)。

後のユダヤ神秘主義のように、この宗派のメンバーが天に昇ることを経験するような神秘主義的な慣習を持っていたか否かは明らかではない(古典ユダヤ神秘主義のテクストの大半は中世初期のものである）。本書の第四章では、詠い手が天における座や、神々と共にいることを誇るいわゆる「自己昇天の詩編」について述べた。イエスを魔術師やオカルト芸術家とする、やや独特な見解を持っていた、故モートン・スミスの主張によれば、このテクストは、天に昇るような神秘主義的な慣習が紀元前後の他のユダヤ人たちにあったことを示している。このことは、彼が考えるに、イエスもまた神秘主義的であったという見解に信憑性を与えるものだった。しかし、「自己昇天の詩編」の人物は例外的であり、彼が地上で生きている間に天に行き来したと考えられていたか否かは明らかではない。彼は、終末論的な大祭司のような架空の人物、あるいはある種のメシアかもしれない。『感謝の詩編』は、天使たちと交わりを持つことについて語る。しかし天に昇ることについては語られない。天使たちが降りて来ると考えられていたのか、あるいは空間は関係なかったのかもしれない。

『エノク書』と『ダニエル書』の黙示では、天における天使たちとの交わりは、義人が死後に約束された褒賞であった。死海文書では、宗派の人々がこの状態に達するのは、彼らが新しい契約に加わって、その典礼に参加したときであった。奇妙なことに、死海文書は義人には永遠の命を、悪人には破滅をはっきりと確約しているものの、復活については明確に述べていない（意見が分かれる箇所はいくつかある）。彼らが肉体の死について知らなかったはずがない。クムランの建造物から目と鼻の先の所には巨大な墓地があった。しかし彼らは、共同体に加入したときに本質的な移行を遂げたのだと信じていたようである。ヨセフス曰く、エッセネ派は魂の不死を信じていたが、肉体の復活は信じていなかった。このことは、ギリシアやローマの読者が理解する言語では問題であったが、ヘブライ語話者はそもそも、プラトン的な魂の概念を持っていなかった。しかしながら、ヨセフスは本質的には正しかったと思われる。人々が現世でも天使と交わることを可能にする霊の命は、肉体の崩壊に関わりなく、死後も続くのである。

死海文書に見られるこれらのテクストはいずれも、そこではまた数世紀後に確認されるような十分な発展が遂げられてはいないものの、ユダヤ神秘主義の歴史にとって重要である。

死海文書における典礼

死海文書は、ユダヤ教の典礼の発展にも新たな光を当てた。死海文書には一〇〇以上の異なる祈りと数多くの宗教詩が含まれており、これらの大半はそれまで知られていなかった。死海文書は、既に紀元前には共同体の祈りが少なくともいくつかの場面において宗教的な義務であったことの証拠を示している。祈りには特定の時間と契機があり、時として特定の言葉遣いがあった。これらすべては、後のラビによる典礼を予見しているが、死海文書における祈りの時間も契機も、後代に発展したものと必ずしも同じではなかった。ここからは、宗教法の問題と同じく、死海文書は数世紀後のラビたちも関心を寄せた事柄に取り組んでいるものの、それらへの取り組み方は必ずしも同じではなかったことが見て取れる。

典礼の実践の事例は、死海文書の意義についての重要かつ困難な問題を提起することにつながるかもしれない。これらのテクストが伝えていることは、宗派が大きかろうが小さかろうが、孤立していようが普及していようが、この宗派の信仰と実践にのみ関わるものなのであろうか。あるいはそれらは、「一般のユダヤ教」と呼び得るもの、ないしは宗派に関係なく当時のあらゆるユダヤ人に共有されていた関心事への扉を開くのだろうか。死海文書をめぐる議論の基調を長きにわたって規定した第一洞穴出土のテクストは、主に宗派的なものであった。『共同体の規則』や『戦いの巻物』、ないしは『感謝の詩編』（ホダヨト）が、「新しい契約」あるいは通常エッセネ派と同定されるこの宗派の外にいるすべての者たちの典型であったとは考えられない。しかしながら、第四洞穴出土のテクストが次第に知られるようになると、死海文書の多くは特に宗派的な性格を持つものではないことが明らかになった。一九九〇年に出版されたキャロル・ニューサムによる論文「クムラン出土の『宗派的であることが明白な』文学」[10]は、この点に関して重要な分岐点となった。その後、死海文書に見られる多くのテクストが、当時の他の集団に共有されていたかもしれないということがますます受け入れられるようになった。聖書正典に含まれない詩編には、はっきりとした宗派的な特徴は見られない。いくつかの知恵のテクストにも同様に、宗派的な共同体の組織に関する言及

死海文書と一般のユダヤ教

はない。祈りの多くは原則として、新しい契約の外でも用いることができるものであった。アラム語で残された文書の多くは、この宗派が独自のアイデンティティーを発展させる前に作成されたようである。また死海文書には、この時代におけるユダヤ教を広く代表していると見なし得るものが数多くある。

それにもかかわらず、死海文書をどれほど当時のユダヤ教の代表と見なし得るかは難しい問題として残る。この文書集成には、ファリサイ派と同定できるものが何も含まれず、またハスモン王朝を支持するものがほとんど含まれないのも事実である（おそらくアレクサンドロス・ヤンナイオスと思われるヨナタン王のための祈りである4Q448は、クムラン宗派の大敵であるファリサイ派との戦争状態にあった時代に年代付けられるかもしれない）。死海文書は、クムランに住んでいた共同体の図書館ではないかもしれないが、エッセネ派のいくつかの共同体の図書館が組み合わされたもので、危機の時代に蔵匿のために荒野に運び込まれた可能性が高い。文書集成はある程度まで、独自の加入儀礼と新しい契約を持つ任意団体であった宗派による規定を受けていた。このことは、ユダヤ教のいくつかの側面、特にこの宗派の敵と関連する側面が排除ないし過少評価されている可能性が高いことを意味する。そうは言うものの、常に宗派的になれる人はいない。本書の第六章で見るように、エッセネ派の人々は他のユダヤ人たちと聖書文書を共有した。たとえ彼らがそれらを別様に解釈していたとしてもである。彼らはまた、当時の分裂の問題について触れない物語、詩歌、祈禱などを保持した。更に彼らは、宗派の見解が独特である場合でも、論争を記録することによって、いくつかの傾向や主要な関心事について述べている。彼らは、エルサレム神殿から分離したものの、この時期に神殿が引き起こした各種の議論を証しているのである。

紀元前後のユダヤ教には、かなりの多様性があったこと、また十分な多元主義が実現されてはいなかったことが明らかである。競合する宗派や党派は、折に触れて互いに嫌悪し、憎しみ合った。それにもかかわらず、唯一神信仰、共有された聖典、清浄についての幅広い関心および正しい遵守などの統一的な要素もあった。たとえそれらが論争を引き起こす原因となったとしてもである。共通する民族のアイデンティティーもあったが、この宗派の目には明らかに、真の神の民は民族性だけでは決まらなかった。出自が契約の民であるだけでは十分ではなく、宗派の解釈に基づいて、各個人が新しい契約を結ぶ必要があったのである。

黙示主義と律法

死海文書とその重要性についての認識は、過去三〇年ほどで大きな変化を遂げた。その変化はローレンス・シフマンによって、一九九四年の『死海文書の再生』[11]と題した彼の概説で強調された。シフマンは過度に謙遜することなく、「この本は革命的であろうか」と問い、次のように答える。「現在の死海文書熱に照らして、とりわけキリスト教をめぐる誇大な主張に対して、死海文書はユダヤ教の歴史の文脈でのみ理解可能であると提案することは、確かに革命的である」（xxiv頁）。死海文書は、キリスト教の前兆である黙示的な運動の所産として理解されていたが、それが今や、最終的にはラビ・ユダヤ教へとつながるトーラーの意味をめぐる議論の記録として見られるようになってきたのである。

しかしながら、死海文書に関するこの二つの見解は、対極にあるものとして見られるべきではない。実際のところ、いずれもが一定の真実を持ち合わせている。かつて死海文書の黙示的な側面が強調されたのは、確かに一方的なものだった。かつてはしばしば光と闇の二元論がこの宗派の神学の中心であったと言われたが、もはや確信をもってそのように言うことは不可能である。「二つの霊の教え」は、『共同体の規則』の中でさえ、すべての写本に見られるものではない。『共同体の規則』と『戦いの巻物』以外で、この二元論的な世界観を反映しているテクストはごくわずかである。更に、キリスト教の学者たちは黙示主義について、律法の詳細よりもむしろ世界の審判に関心を寄せる反律法主義であると見なす傾向があった。しかし今やこの対照は誤りである。来るべき審判を予期して生きることと同時に、律法の詳細に没頭することは十分にあり得た。事実、律法の解釈を明確にすることの必要性に切迫感を与えたのは、大いなる審判が目前に迫っているという確信であった。

死海文書に見られる宗派が発生したのは、彼らがメシアの到来、あるいは光の子らと闇の子らの間で繰り広げられる最後の戦いを信じていたからではない。律法の正確な解釈、正しい祭儀暦、および神殿祭儀の過程をめぐって他のユダヤ人たちとの間に意見の相違があったからである。しかしながら、彼らが他のユダヤ人たちと妥協を許さない数多くの違いを抱えていたという事実には説明が必要だった。状況を説明する一つの方法は、神が自らの神秘的な目的のために、彼らの反対者たちの心を固くし、彼らに闇の霊を割り当てたと考えることであった。しかしながら、神が誤って彼らをいつまでも勝ち誇らせることは許されない。神はそれを終わらせなければならない、それもすぐさまにである。闇の子らであった他のユダヤ人たちだけでなく、この地を冒瀆していたキッティーム、すなわちローマ人も打倒されねばならなかった。それゆえに最後の戦いが必要であり、その中で神が悪の力を排除するのである。公の秩序において真実と正義が勝利を得るというのでは十分ではない。個人もまた、それぞれの行為に応じて処罰ないし褒賞を受けねばならない。しかしながら、ある審判が待望されるという事実それ自体は、具体的にどのような行為が承認されているのかを伝えていない。死海文書の場合、正しい行為は律法の正しい解釈にかかっていた。初期キリスト教は、この世界が過ぎ去って審判の対象になるという点では、概ね同様の世界観を持っていた。しかし審判の基準はかなり異なっており、律法、特にその儀礼的な側面についての異なる評価を反映していた。

黙示主義とトーラー遵守はすなわち、死海文書の中で補完し合っている。黙示主義は、人々に対して、世界が彼らに反対していると思われるときに、彼らが忍耐し存続できるような支えとなる枠組みを提供する。真の現実は隠されているが、それはすぐに明らかにされ、審判において証明される。しかしながら、その審判の基準はさまざまである。死海文書の場合、それらは正しく解釈されたモーセの律法によって提供された。

文献案内

死海文書の黙示的な側面については、John J. Collins, *Apocalypticism in the Dead Sea Scrolls*（London: Routledge, 1997）を参照。

初期エノク文書と、その死海文書との関連については、Gabriele Boccaccini and John J. Collins, *The Early Enoch Literature*（Leiden: Brill, 2007）所収の論文を参照。

ラビ・ユダヤ教の視点からの死海文書の解釈については、Lawrence H. Schiffman, *Reclaiming the Dead Sea Scrolls*（Philadelphia: Jewish Publication Society, 1994）; Aharon Shemesh, *Halakah in the Making. The Development of Jewish Law from Qumran to the Rabbis*（Berkeley: University of California Press, 2009）を参照。

本章に関わるいくつかの論文は、Lim and Collins, eds., *The Oxford Handbook of the Dead Sea Scrolls* の中にも見られる。特に以下の論文を参照。

M. A. Knibb, "Apocalypticism and Messianism," 403-32;
J. R. Davila, "Exploring the Mystical Background of the Dead Sea Scrolls," 433-54;
A. de Jong, "Iranian Connections in the Dead Sea Scrolls," 479-500;
A. Shemesh, "Halakhah between the Dead Sea Scrolls and Rabbinic Literature," 595-616;
D. K. Falk, "The Contribution of the Qumran Scrolls to the Study of Ancient Jewish Liturgy," 617-51.

第六章　死海文書と聖書

一九四八年四月に行われた死海文書についての最初の発表では、『イザヤ書』全体について、これまでに知られている中で最も初期の写本の発見が告げられ、それがヘブライ語による他の完全な写本よりも一〇〇〇年ほど古いものであることが述べられた。W・F・オールブライトは早々に、この新しい発見がヘブライ語聖書の本文批評学の分野に革命を巻き起こすと予測し、事実そのようになった。

現代におけるヘブライ語聖書の翻訳は、マソラ本文（MT）として知られているものに基づいている。マソラとは、紀元後七―一一世紀にかけて主にエルサレム、ガリラヤ湖に面したティベリアス、およびバビロンを拠点としていたユダヤ人の書記および学者のことである。ヘブライ語聖書の最も古い完全な写本は、紀元後一〇〇八年ないし一〇〇九年頃に書き写されたレニングラード写本である。もう一つの重要な写本のアレッポ写本は、それよりも約一世紀前のものであるが、完全ではない。

死海文書が発見される以前、ヘブライ語聖書に関するテクストの証拠は、マソラ本文以外に主に二つ知られていた。

一つはサマリア五書（SP）である。これはサマリア人が作り上げた聖書の最初の五文書（ユダヤ教の伝統におけるトーラー）で、一般的にはマソラ伝統の劣化版と見なされていた。いくつかの箇所においてテクストが拡張されており、意見を異にする章句を調和させる傾向が見られる。その最も特徴的な点は、イスラエルの中心となる祭壇がゲリジム山（サマリア人の聖なる山）の上に建てられ、神がその名の住む場所としてエルサレムよりもゲリジム山を選んだと主張していることである。

もう一つのテクストの証拠が、ギリシア語訳である。これはアレクサンドリア図書館のために写本を所望したとされるプトレマイオス二世（前二八五―二四七年）の指示で七二人のユダヤ人の長老たちによって翻訳されたという伝説から、一般に七十人訳（セプチュアギンタ）（LXX）として知られる。これらの書記官たちが翻訳したのは五書ないしトーラーだけだったが、「七十人訳」という名は、ギリシア語旧約聖書全体に付けられるようになった。ギリシア語訳は、完全なヘブライ語写本よりも数世紀古い紀元後四世紀から五世紀の写本に完全な形で保持されていた。これらの写本は必ずしも元来の訳文を正確に保持しているわけではない。より古い形のものは、時折パピルスで発見されるか、あるいは新約聖書その他の資料の中に見出された。しかしながら、一九四八年以前の一般的な見解では、七十人訳がマソラ本文と異なる場合、それは翻訳の不備であるとされた。

クムラン周辺の洞穴では、聖書の写本と見なされる文書が二〇〇以上発見された。第一洞穴から見つかった最初の七つの巻物には、『イザヤ書』の写本が二つ含まれていた。これらのうちの一つ、『イザヤ書』大写本ないし『1Qイザヤ書a』（$1QIsa^{a}$）は、多くの詳細においてマソラ本文と異なっていたが、重要な相違はそれらのうちのごくわずかであった。二つ目の『1Qイザヤ書b』（$1QIsa^{b}$）は、伝統的なテクストとかなり一致していた。当初、『1Qイザヤ書a』（$1QIsa^{a}$）の逸脱は、それを保持していた宗派の特殊性であると考えられた。しかしながら、聖書テクストの調査が進むにつれて、事情はより複雑さを増すこととなる。

死海文書における異なるテクストの伝統

紀元前一世紀の半ばに（古文書学に基づいて）年代付けられる『出エジプト記』の写本（『4Q出エジプト記・ヘブライ語古書体m』［$4QpaleoExod^{m}$］）には、サマリア五書に見られるマソラ本文以外の拡張が一貫して保持されている。しかしながら、ゲリジム山上に祭壇を築くというサマリア五書に特殊な命令がそこに含まれていたとは考え難い（サマリア五書のテクストでは、この命令が『出エジプト記』に挿入されている。クムラン写本には、この追加の命令が入る十分な余地がない）。このことが示唆しているのは、サマリア五書は紀元前一世紀にまだ流布していたユダヤのテクストに基づいており、ゲリジム山についての命令の追加部分のみ異なっていたということである。『民数記』の写本（『４Ｑ民数記ｂ』［4QNum[b]］）も事情は同様である。そこにもサマリア五書にあってマソラ本文にない拡張が見られるが、サマリア五書に特殊な読みは含まれていない。テクストの形式はまたしても、サマリア五書と本質的に同じであるが、ゲリジム山についての特別な言及はなく、紀元前一世紀にユダヤで流布していたものであると思われる。この形式のテクストは、「原サマリア五書」として知られるようになった。

また死海文書はいくつかの文書に関して、マソラ本文よりもむしろ七十人訳に対応するヘブライ語テクストを示していることから、「原七十人訳」と名付け得るかもしれない。第四洞穴出土の三つの巻物の中に見られる『サムエル記』のテクストは、マソラ本文とは合致しないギリシア語と一貫して合致している。一つの写本（『４Ｑサムエル記ａ』［4QSam[a]］）には、マソラ本文にも七十人訳にも見当たらない段落が含まれているが、これは歴史家ヨセフスによる敷衍された聖書記述（『古代誌』6.68-69）に反映されている。『エレミヤ書』に関する事情は興味深い。この文書のギリシア語テクストは、マソラ本文よりも八分の一ほど短い。死海文書が発見される以前には、翻訳者が単に文書を省略したのだと考えられることが多かった。しかしながら、〔クムラン出土の〕二つの小さな断片的な写本は、ギリシア語訳の基となる「短い」テクストのヘブライ語の形式を示していた。これらの写本（『４Ｑエレミヤ書ｂ』［4QJer[b]］と『４Ｑエレミヤ書ｄ』［4QJer[d]］）は、どちらも比較的初期のもので、紀元前二世紀に年代付けられる。しかしながら、初期のもの（『４Ｑエレミヤ書ａ』［4QJer[a]］、前二世紀初め）を含む、『エレミヤ書』の他の二つの写本は、マソラ本文に知られている長い形式のテクストであった。

死海文書が示したのは、ヘブライ語聖書の伝統的なテクストであるマソラ本文、あるいはむしろ原マソラ本文が、紀元前の数世紀に既によく知られていたことを物語る数多くの証拠である。しかし、それがテクストの唯一の形式ではなかった。現代世界において聖書のさまざまな英語訳が流布しているように、さまざまな版が並行して流布していた（しかしながら、死海文書に見られるテクストの相違は、少なくともいくつかの場合では、現代の翻訳に見られる相違よりもかなり根本的なものである）。『出エジプト記』は、モーセの律法の一部であり、権威あるものと見なされていたことは間違いない。しかし、現代の文脈において書物の権威が翻訳の言葉遣いによるのではないのと同じく、権威があったのはテクストの特定の形式というよりもむしろ文書であった。逐語霊感を信じるに至ったキリスト者にとって、このことは些か衝撃を与えるかもしれない。聖書の実際の言葉は、五書ないしトーラーの言葉でさえ、イエスの時代には明確に定まっていなかったのである。

ローカルテクスト

ヘブライ語聖書と古代近東に関連する大半の事柄についての権威であったウィリアム・F・オールブライトは一九五五年、ローカルテクスト理論を提唱することで、多様なテクストの証拠を秩序付けようとした[1]。原マソラ本文はバビロニアにおいて、原七十人訳はエジプトにおいて、そして原サマリア五書はパレスチナにおいて発展を遂げたというのである。この理論は、フランク・ムーア・クロスによって洗練され、広められた[2]。その基本的な想定は、相違するテクストの形式は異なる場所でのみ発展し得たというものであった。ところが、テクストの三つの異なる形式の証拠すべてが、クムランの洞穴内で一緒に見つかったのである。

すべての学者たちが、この理論によって証拠がきちんと整理されると信じたわけではなかった。事実、内容が一致する写本は二つとしてなかった。それらをグループないし「テクストの家族」(textual families)に区分することには、境界線をどこに引くか決断する際に、主観性という尺度が常に含まれる。オールブライトとクロスが森のはっきりとした輪郭を見た場所で、他の人々が見たのは、確かにいくつかの群生はあるものの、多様な種類の木々のみであった。エマヌエル・トーヴは最終的に大半の死海文書の公刊を監修したが、彼の経歴の始めは本文批評学であり、クロスの弟子であった。彼は、いくつかのテクストは「非整列」、すなわち原マソラ本文、原サマリア五書、あるいは原七十人訳のいずれにも分類できないものと見なすべきであると主張した[3]。他の人々の主張では、どのテクストも「非整列」ではなく、それらの間の関係はあまりに複雑で、「テクストの家族」には還元できないのである。

更には、「地理的な」文脈よりも「社会学的な」文脈の方がより重要かもしれない。最終的には、マソラ本文はユダヤ人共同体、七十人訳はキリスト教徒、サマリア五書はサマリア人によって保持された。今や特定は不可能であるが、異なるテクストの型が異なる集団でも発展したのかもしれない。多くの学者たちは、マソラ本文となったテクストの伝統はラビの先駆者であるファリサイ派の人々の伝統であると考える。しかしながら、死海文書が一つの特定の宗派——エッセネ派——による嗜好性の証拠として見なせるとすれば、それらは一つのテクスト伝統への嗜好性を示してはいないと思われる。学者たちはこの点において、少なくとも死海文書は概ねローマに対する反乱以前の時代におけるパレスチナ・ユダヤ教の典型であり、この時代には公式な標準テクストは存在しなかったと考えるようになってきている。

標準化に向けた動き?

二〇〇二年、死海文書の公刊作業がほぼ完成に近づいたとき、かつては不可能だった方法でこの文書集成を概観する試みが行われた(4)。そこには、テクストの年代順の索引——書写された年代順にテクストを配列する試み——が含まれていた。これらの年代付けには、論争の余地が全くないわけではない。というのも、テクストは古文書学ないしは筆跡に基づいて、さまざまな編集者の手によるものとされたが、すべての編集者が必ずしも同じ基準に則っていたのでも、同等の能力を持っていたのでもないからである。しかし、このリストによって少なくとも、どのテクストがより古く、どのテクストがより新しいかの感覚を得ることができる。このリストを手引きとすると、紀元前一世紀の半ばに至るまで、聖書写本のテクストの型はきわめて多様であった。いくつかの原マソラ本文の写本も年代が古く、紀元前二世紀のものもあり、その数は紀元前一世紀後半になるとより多くなる。紀元後一世紀になると、原マソラ本文ではない写本の数は徐々に減少する。クムランで発見された写本は、いずれも紀元後七〇年以前のものと考えられている。紀元後七〇年以降に年代付けられる聖書写本がムラバアトでいくつか発見されたが、それらはすべて原マソラ本文の型であった。

これらの写本は、年代付けについてはやや暫定的であるが、紀元後一世紀には原マソラ本文の伝統をテクストの標準形式として取り入れる傾向があったことを示している。しかしながら、死海文書からは、それがどのように、またなぜ起こったのかについての手がかりは得られない。宗派の人々が独特なテクストの形式を持っていたことを示唆するものは何もない。彼らは原則として、その当時に流布していたテクストの形式を用いていたようである。原マソラ本文のテクストは七〇年以降に普及したことから、それがエッセネ派と特別な関係にあったとはほぼ言えない。それは神殿の書記官、あるいはおそらくファリサイ派の人々から嗜好されていたかもしれないが、憶測に過ぎない。

いずれにせよ、ヘブライ語聖書のテクストに関して死海文書がもたらす最も注目すべき教示は、紀元前にはテクストの多くの形式が流布していたということである。

聖書の再話という現象

聖書テクストの多様性は、死海文書の中に顕著に現れるもう一つの現象と関連する。紀元前三世紀後半から二世紀頃にかけて、聖書文書の敷衍を著すことが流行し、その過程でしばしば新しい発想が取り入れられた。これらの再話はさまざまな目的に寄与し得た。ギリシア語で著述するアレクサンドリアのユダヤ人たちは、叙事詩または悲劇というギリシアのジャンルによって聖書物語の一部を作り直そうとした。ヨセフスの『ユダヤ古代誌』は、聖書の全記述を歴史として提示しようとするものだった。クムラン第一洞穴で最初に見つかった巻物の一つである『アラム語創世記アポクリュフォン』は、『創世記』のいくつかの挿話を娯楽的に記述したもので、アブラハムの妻サラの美しさに関する拡張された描写が含まれる。また別の場合における聖書の再話では、啓示としての地位が主張されており、それらと伝統的な聖書との関係が問題になる。

聖書の再話の特に明確な例が『ヨベル書』である。このテクストの完全な形はエチオピア語で残されており、エチオピア教会では聖典と見なされていた。この文書のヘブライ語原文の断片がクムランで発見された。これは紀元前二世紀に年代付けられると思われる。本文書は『創世記』と『出エジプト記』前半部分の敷衍であり、はっきりとした神学的な使信を伴う。モーセの律法は既に『創世記』の族長たちによって順守されており、真の暦は三六四日からなる太陽暦であると主張されている。しかしながら、『ヨベル書』は「最初のトーラー」で明らかにされたことについて何度か言及しているものの、それを補完、解釈しようとするだけであり、伝統的なトーラーに置き換わろうとはしていない。それにもかかわらず、本文書は『ダマスコ文書』の中で権威あるテクストとして引用されており、後にエチオピア教会では正典となった。

本書の第五章で既に述べた『神殿の巻物』では状況が異なった。この文書もトーラーの一部分を再話したものであったが、そこに「最初のトーラー」という認識はなく、再定式化された律法が神の啓示として提示されている。『神殿の巻物』は、五書の律法に見られるすべてのものを繰り返してはいない。例えば、十戒は含まれない。しかし、関連する問題（主に神殿の清浄について、また『申命記』のいくつかの律法に関わる問題）をめぐっては、本文書は想像し得る最上の権威を主張する。この巻物が最初に出版されたとき、何人かの学者たちは、これは「クムランのトーラー」、すなわち宗派の特別な律法の版であると考えた。しかしながら実際のところ、死海文書においてトーラーが引用される際に準拠しているのは主として伝統的なテクストであり、『神殿の巻物』ではない。『神殿の巻物』の著者たちが、それを公式なトーラーとして承認されるよう望んだとすれば、それは失敗であった。それにもかかわらず、死海文書の中には本文書のいくつかの写本が残された。

更に問題が複雑なのは、『4Q改訂五書』（4QReworked Pentateuch）として知られるテクストの場合である。この表題によって言い表されているのは、同一のテクストであると当初は考えられていた五つの断片的な写本群である。[6] これらは現在では、五つの個別な作品であると見なされている。

マソラ本文と比較すると、これら五つすべてに大幅な拡張が見られる。例えば、『出エジプト記』一五章21節の「ミリアムの歌」は、マソラ本文には並行のない形で拡張されている。いくつかの場合には、素材の並べ替えも行われている。しかしながら、この素材が新たな啓示を記録したものであるということは示唆されていない。マソラ本文との相違は、原サマリア五書の伝統に見られる相違に典型的なものである。学者たちは次第に、これらの断片は「改訂五書」ないし「聖書の再話」ではなく、単に『出エジプト記』の異版であると見なすようになった。ここでもまた、写字生たちは紀元前の数世紀にわたって、公式な標準形式のテクストに拘束されていなかったようである。

聖書正典?

クムランや死海文書における「聖書」と言うことは、厳密には時代錯誤である。われわれが知る「聖書」は、未だその最終的な形を取っていなかった。それが果たされたのは紀元後一世紀後半、あるいはおそらくそれ以降のことである。しかし、聖なる文書が宗派の生活にとってきわめて重要だったこと、そしてそれらの文書の解釈が宗派の存在理由でさえあったことに疑いの余地はない。

宗派の規則書におけるいくつかの箇所は、モーセの律法の重要性を証している。『ダマスコ文書』第一五欄では、新しい契約のメンバーは、「モーセが全イスラエルと結んだ契約、心を尽くし精神を尽くしてモーセの律法に立ち帰る契約の誓いに」登録されている。別の箇所では、『民数記』二一章18節の「笏をもって司たちが掘り、民の高貴な者たちが穿った井戸」が引用され、それは次のように説明されている。「この井戸とは律法であり、それを掘った者とはイスラエルの回心者である」。笏とは、律法がどのように守られるべきかを定める「律法の解釈者」である〔『ダマスコ文書』第六欄〕。律法が研究された方法は『共同体の規則』第六欄に描かれている。

また一〇人いる所には、互いになすべきことについて日夜絶えず律法を研究する者が一人いなければならない。多数者は一年中、毎晩三分の一夜ずつ共同で起きていて書を朗読し、掟を説明し、共に賛美しなければならない。

『イザヤ書』四〇章3節の「荒野に主の道を整えよ」という引用も次のように解釈される。

これは律法の研究のことで、時に応じて啓示されるすべてのことに従って、また預言者たちが聖霊によって啓示した事柄に従って行うよう、モーセの手を通じて彼が命じたものである（1QS 8）。

これらの箇所に出る律法とは、モーセの律法、すなわち聖書の最初の五文書ないし五書である。これは明らかに正しい宗教生活のための目安であった。預言者もまた重要であった。

これらの文書は、宗派に特有のものではなく、全イスラエルの文書であった。4QMMTにおいて宗派の指導者が大祭司に訴える際、彼は次のように書いている。

あなたがモーセの書と預言者とダビデの書を研究するように、われわれはあなたに書いた。(7)

ここでの「ダビデの書」とは、しばしば預言的なテクストとして読まれた『詩編』を意味する。4QMMTのこの一節は、宗派の人々が大祭司や、更に彼らの反対者であるファリサイ派と同じ基本的な文書を受け入れていたことを示している。律法と預言者、あるいは律法と預言者とダビデの書は、紀元前一世紀のすべてのユダヤ人が共有していた文書であった。

伝統的なヘブライ語聖書には、トーラーと預言者以外に三つ目のカテゴリー、すなわち諸書がある（ヘブライ語聖書は、トーラー［律法］、ネビイーム［預言者］、およびケトゥビーム［諸書］から、時折タナク［TANAK］と呼ばれる）。この区分の最も古い証拠は、『シラ書』の紀元前二世紀後半における彼の孫によるギリシア語訳に見られる。翻訳の序文で、孫は次のように言う。

長年、律法の書と預言者の書と先祖たちの他の書物を読むことに専念した私の祖父イエスは、……知恵と教訓に関する書物を自分も書く気になった。

この箇所はしばしば、紀元前二世紀の終わりまでに三部構成の聖書正典が既に確立していたことの証拠と見なされた。事実、これは律法と預言者が十分に確立されたカテゴリーだったことを示している。しかしながら、「他の書物」は、啓発的な文学の未完のカテゴリーであった。ベン・シラ自身、自分がそれに貢献できると考えていた。

4QMMTが出版されたとき、何人かの学者たちは、これが律法、預言者、ダビデの書という三部構成の正典の証拠になると考えた。断片的な「世代」という言及は時として『歴代誌』について述べたものとして読まれ、われわれが知っているヘブライ語聖書の正典すべてが含まれていたことを示唆すると考えられた。しかしながら、これは説得的ではない。宗派とその反対者のいずれもが、トーラー、預言者、そして『詩編』を何らかの形で権威あるものと見なしていたことは明らかであるが、それは紀元前一世紀初めにおいて共有されていた聖典の範囲であった。

「カノン」(canon)という語は、尺杖を意味する。これはキリスト教会教父たちによって聖書に適用された。ヘブライ語にはそのような言葉はなかったが、権威ある文書集成という発想は、死海文書の時代までには確かに存在していた。クムランでは『エステル記』を除くヘブライ語聖書のすべての文書が発見されており、このことはしばしば、それらすべてが権威ある文書として認識されていたことを示唆していると指摘されてきた。しかし、事情はそれよりもやや複雑である。

クムランでは、啓示的なテクストと思われる厖大な文書集成が発見されている。これらのテクストが、それらを読んだ人々からどのように見なされていたのかを知ることは難しい。伝統的なヘブライ語聖書の正典に含まれなかったいくつかのテクスト（『エノク書』など）が、複数の写本で残された。『歴代誌』などのいくつかの文書は正典に含まれたが、ほとんど残されなかった。残された写本の数から判断するならば、この宗派にとって『第一エノク書』や『ヨベル書』などの文書は、『箴言』や『コヘレトの言葉』よりも重要であった。

「律法」と「預言者」が正典の一部であったことは明らかであるが、それらが何を含むと考えられていたのかは定かではない。『神殿の巻物』は「モーセの律法」の一部と見なされていたのだろうか、あるいは『ヨベル書』すらも、「最初のトーラー」とは一線を画しているにもかかわらず、その一部と見なされていたのだろうか。『ダニエル書』は、伝統的な聖書では「預言者」ではなく、「諸書」に分類されている。しかし、死海文書（『11Qメルキゼデク文書』[11QMelchizedek]）の中では、ダニエルは預言者と呼ばれている。またさまざまな預言的ないし疑似預言的な文書が残された（例えば、『4Q偽典エゼキエル書』[4QPseudo-Ezekiel]、『4Q偽典ダニエル書』[4QPseudo-Daniel]）。これらは真正の預言書として受け入れられていたのだろうか。

この問題について論じる方法の一つは、どの文書が引用されているか、そしてどの文書に注解が施されているかに注目することである。『イザヤ書』、『ホセア書』、『ミカ書』、『ナホム書』、『ハバクク書』、『ゼファニヤ書』、そして『詩編』には、ペシェルと呼ばれる宗派独特の注解がある。『創世記』と『マラキ書』についての注解の断片もある。しかしながら、『エレミヤ書』と『エゼキエル書』の注解はない。但し、それ故にこれらの文書に権威はなかったと考える者はいない。いくつかの他のテクストが折に触れて引用されているが、これらの引用でさえ必ずしも全体像を示していない。ある程度の権威を有していた文書の蓄積には制限がなかった。

権威ある文書の範囲についての不確実性は、一九六五年にジェームズ・サンダースによって出版された『詩編』写本の『11Q詩編a』(11QPs^{a})をめぐる議論に示されている。[8] この巻物には、マソラ本文にも見られる三九の詩編と、「ダビデ作」の散文を含む一〇の付加的な作品が含まれる。付加的な詩編のいくつかは、それまではギリシア語とシリア語の聖書で知られていたが、他のものはそうではなかった。マソラ本文にも見られる詩編は、その順序がマソラ本文とは異なっていた。クムラン出土の別の二つの写本は、『11Q詩編a』(11QPs^{a})と同じ版だったようであるが、死海文書はいずれも明らかにマソラ本文の順序を支持していない。

サンダースは『11Q詩編a』(11QPs^{a})を聖書の写本と考えた。公式編集チームのパトリック・スキーハンやヘブライ大学のシェマルヤフ・タルモンを含む数人の著名な学者たちはこの主張を否定し、これは典礼用に編集したものに過ぎないと主張した。双方とも部分的に正しく、部分的に間違っていた。この時代には、『詩編』の聖書写本のようなものは存在しなかった。マソラ本文版を含む『詩編』の写本はすべて「典礼用の集成」であった。しかし、『11Q詩編a』(11QPs^{a})がその当時、他の集成と同じように権威を有していたという点で、サンダースは正しかった。この写本が逸脱していると言い得るような公式の「標準」版は当時、存在しなかったのである。

要するに、死海文書が証しているのは権威ある文書の集成であり、これは後代のラビたちの聖書と相当程度まで重なる。『神殿の巻物』や『ヨベル書』などのいくつかの作品の地位については不明であるが、「律法」と「預言者」においては実質的に同じであった。エッセネ派は、預言者たちやその他の著作をエルサレム神殿当局やファリサイ派よりも多く集めていたのかもしれない。彼らの集成がより小さなものだったとは考え難い。「諸書」のカテゴリーの全容は明確に定義されておらず、宗派は啓示的であると主張して尊重したものの、ラビたちの聖書には含まれなかった著作が数多くあったことは明らかである。紀元後七〇年以降の歴史家ヨセフスによる著作の中で、また紀元後一〇〇年頃に書かれた黙示文学である『第四エズラ書』の中でのみ、権威ある神聖な文書は特定の数に限定されている。ヨセフスは、二二の文書が公式に認定されていると語る（『アピオン反駁』1.39）。『第四エズラ書』はその数を二四としているが（おそらく同じ文書を別様に数えている）、より偉大な知恵を含む七〇の隠された書物についても述べている。ヨセフスによる二二の文書リストは、紀元後七〇年以前にファリサイ派あるいは神殿当局によって定められたのかもしれないが、死海文書にはそのような制限の証拠はなく、それが普遍的に受け入れられていたということではなかった。

聖書の解釈

受容された聖書は、死海文書の中で多様に解釈されている。

クムラン第一洞穴で見つかった最初の巻物群には、『ハバクク書』の注解が含まれていた。これはそれまで知られていなかった種類のもので、「解釈」を表すのに用いられている語から、ペシェルとして知られるようになった。これは形式的な注解で、主に一節ないし二節が引用され、その後に「その解釈（ペシェル）は……に関わる」という言葉で導入される解釈が加えられた。預言者の言葉は主に、歴史の 終わりのときとして理解された注解者自身の時代に起こった出来事を述べたものとして受け取られた。ハバククの預言は、紀元前六世紀初めにエルサレムを攻略、破壊したカルデア人すなわちバビロニア人について言及する。注解者にとっては、カルデア人はキッティームないし西方の人々と同定され、明確には将軍ポンペイウスの下、紀元前六三年にユダヤに侵攻し、エルサレムを征服したローマ人のことであった。ここには明らかに、類比の原則がはたらいていた。「バビロン」はしばしば、『ヨハネの黙示録』を含む後代の黙示文書において、ローマを指す暗号であった。どちらもエルサレムを破壊したからである。『ハバクク書』における他の叙述は、宗派の運動の歴史を述べたものとして受け取られた。例えば、『ハバクク書』一章13節は、悪しき者が自分より義しい者を飲み込むと語っているが、これは「偽りの者」と「義の教師」について述べたものとして解釈されている。『ハバクク書』二章5—6節における、止まることなく富を奪う「高慢な者」への言及は、「悪しき祭司」について述べたものと受け取られた。『ハバクク書』二章15節の「災いだ、隣人に飲ませる者、毒を注ぐ者は。彼らを酔わせて彼らの裸を見るために」は、「贖罪日」を守る「教師」を妨害した「悪しき祭司」を指すとされた。

この種の注解の根底にある想定は、「幻を書き記せ、板の上にはっきりと記せ。走りながらでも読めるように」という『ハバクク書』二章1―2節についての注解の中ではっきりと述べられている。

神はハバククに語って、末の世に起こるべきことを記すように言った。しかしかれは、時がいつ終わりを迎えるかは彼に知らせなかった。それを読む者が走ることができるように、とかれは言ったが、この解釈は、義の教師に関わる。彼に対して神は知らせた、かれの僕、預言者たちの言葉のすべての秘義を。

要するに、聖書の預言は暗号化された語りであり、それは彼ら自身の時ではなく、今や到来した終わりのときについて述べたものであった。暗号の鍵は「教師」に与えられた。「教師」自身がすべてのペシェル注解の著者であったとは考え難いが、おそらくは彼が自分の従者たちに教えた預言の読み方が反映されている。この解釈の仕方は、現代の学問的な方法とはほとんど共通しない。他の聖書箇所との関連付けが試みられているものの、文学的な文脈にはほとんど注意が払われず、歴史的な文脈に至ってはほぼ皆無である。これはある面において、原理主義の説教者が現代世界で聖書を解釈する方法に似ている。

第四洞穴が発見されると、この『ハバクク書』についての注解は特殊なものではなく、むしろある類型の一例であることが明らかになった。他のいくつかの預言書や『詩編』についても同じような注解が発見された。そのうちの一つ、『ナホム書』のペシェルは、ハスモン王朝の王アレクサンドロス・ヤンナイオスについて「生きたまま人を吊す『怒りの獅子』」とはっきりと述べ、またシリア王デメトリオスの名も挙げている。

紀元前一世紀に年代付けられるこれらの注解は、実在する聖書注解の中で最古のものである（アリストブロスと名付けられたアレクサンドリアのユダヤ人が紀元前二世紀にトーラーの注解を書いたが、それはいくつかの引用でしか知られていない）。ペシャリーム（ペシェルの複数形）は、宗派の運動の歴史にとって重要な出来事に焦点を合わせていることを見ても分かるように、おそらくエッセネ派と思われるこの宗派独特の産物である。預言テクストの同じような解釈の方法は、正式な注解ではない他のテクストにも見られる。それらのうちのいくつかは、「主題別のペシャリーム」として知られるようになり、「連続的なペシャリーム」ないし個別文書についての継続的な注解とは対照的に、異なる聖書文書から章句を繋ぎ合わせて、それらを共通の話題に関連付けたものだった。例えば、『詩華集』（4Q174）と呼ばれるテクストは、『サムエル記下』七章と『詩編』一―二編の章句を繋ぎ合わせている。第一一洞穴出土の『メルキゼデク文書』と呼ばれる別のテクストは、ヨベルの年に関する『レビ記』二五章の引用で始まり、続いて『詩編』や預言書から一連のテクストを引用して、天の祭司メルキゼデクが裁きを下す歴史の終わりのときにおける最後の贖罪日にそれらを関連付ける。これらのテクストは、預言テクストを歴史の終わりに関連付けているが、それらを必ずしも宗派の歴史を予測するものとして捉えてはいない。事実、聖書のこの解釈の方法は他の集団でも用いられた。『ダニエル書』の中にもこれは既に見られる。そこでは、エルサレムは七〇年間荒れ果てるというエレミヤの預言が歴史期間の預言として、バビロニア人によるエルサレム破壊からの七〇年が年の七〇週ないし四九〇年として解釈されている。

当初、ペシェル注解は二つの理由で大きな関心を呼んだ。一方で、それらは間違いなく宗派の運動の歴史についての主たる証拠資料であった。他方で、それらは新約聖書における聖書の用い方の文脈を埋めるものだった。

これらの注解から得られる歴史的な情報は曖昧である。『ナホム書ペシェル』におけるデメトリオス王を除いて、主要な登場人物は「義の教師」、「嘘つき」、「悪しき祭司」などのあだ名で呼ばれているだけである。最後の人物はおそらく大祭司だったため、同定するには彼が最も有望だった。一九五〇年代には、この人物はユダ・マカバイの兄弟の一人で紀元前一五二年に大祭司となったヨナタンであるとの合意が進んだが、彼の兄弟シモンであるとの主張もされた。初期には、紀元前一世紀の二人の大祭司アレクサンドロス・ヤンナイオスやヒルカノス二世であるとする提案も行われ、後者はデュポン＝ソメールによって支持された。近年、後者の提案が復活し、「教師」の年代付けの問題が再燃している。

何人かの学者たちは、ペシェル注解を歴史資料として用いることに異を唱えてきた。彼らが合理的に指摘するに、注解は、たまたま釈義することになった聖書テクストに限定されている。注解者たちは、彼らの解釈に到達するためにさまざまな釈義的な技術を用いている。彼らは考えを述べる際、しばしば他の聖書箇所を引用しているが、いかなる直接的な意味でも、歴史を報告してはいない。歴史的な出来事が暗示されるときであっても、神が既にあるいは間もなく宗派を擁護し、彼らの敵を混乱に陥れると示すことにもっぱら注意が払われた。これらのすべては間違いなく事実であるが、これらの注解はなお、重要な歴史資料である。『ハバクク書』は、祭司については全く言及しないが、ペシェルの中では、「悪しき祭司」は主要人物である。彼の存在は聖書テクストから導き出されたものではなかった。要するに、注解は歴史的な人物や出来事について言及しており、それらを同定することは難しいかもしれないが、妥当な研究対象なのである。

初期キリスト教徒たちは、死海文書に見られるような精密な仕方でペシェル注解を書くことはなかった。しかしながら、歴史の終わりが間近に迫っているとの想定の下、彼らの時代に生起した出来事の説明を聖書に求めた。新約聖書の中には、「預言者を通して言われていたことが実現するためであった」という成就の定式が頻繁に見られる。預言書内の章句が、ペシェルと非常によく似た方法で同定されることもある。『マタイによる福音書』三章1―3節において洗礼者ヨハネが紹介される場面では、次のように語られている。「これは預言者イザヤによってこう言われている人である。『荒野で叫ぶ者の声がする。「主の道を整え、その道筋をまっすぐにせよ」』」。預言書と『詩編』の章句が、連続したペシャリームの形で繋ぎ合わされているのが見られることもある。例えば、『ヘブライ人への手紙』一章では、『詩編』二編が引用され、その後に『サムエル記下』七章の数節、そして『詩編』の他のいくつかの章句が続く。『詩編』二編と『サムエル記下』七章は、クムラン出土の『詩華集』（4Q174）として知られるテクストでも並置されている。初期キリスト教徒は、さまざまな釈義の伝統を死海文書と共有しており、時にはよく似た方法で聖書の章句を組み合わせたのである。

死海文書と初期キリスト教における聖書の用い方の比較は、未だなお大いに探求の余地がある。しかしながら、過去数十年の間に、焦点は次第に死海文書とそれ以降のラビたちの釈義、特にミドラシュとの類比へと移行してきた。ペシェル注解が最初に出版されたときには、それらを「ミドラシュ」として分類すべきか否かの議論があった。「ミドラシュ」という語は、『詩華集』（4Q174）の中で、『詩編』一編の解釈を表すために実際に用いられている。しかしながら、ミドラシュはラビたちの伝統の中で、ある点ではペシェルに似るが、他の点ではそれらとは異なる種類の注解を表す名となった。ミドラシュは通常、出来事の同定や終末の裁きには関与しない。

ペシェルは、死海文書における聖書解釈の唯一の方法ではなかった。特に五書の律法に用いられた法的な解釈の問題については既に触れた。また、「聖書の再話」という現象全体が、解釈の練習であり、そこでは、解釈は再話された物語の中に挿入された。当該の語句が何を意味するかについてのペシェルのような解説は、他のジャンルにも見られる。第四洞穴出土の断片的なテクストである4Q252は、聖書テクストの問題を解決するために、『創世記』から選ばれた章句を再話している。しかしながら、『創世記』四九章の「ヤコブの祝福」は、預言テクストとして読まれている。この断片は、最初に出版されたとき、その聖書テクストの読解方法から、『創世記ペシェル』と名付けられた。その後、このテクストは全体としては、聖書の再話として知られる種類の文書により近く、当該箇所はこのテクストの典型を示してはいないことが明らかになった。更にいくつかのテクストは、聖書をはっきりと引用することなく用いている。『感謝の詩編（ホダヨト）』は、聖書テクストへの暗示で満ちている。ある長大な知恵テクスト（『４Q教育』［4QInstruction］）は、必ずしも宗派的な作品ではないが、明らかに『創世記』の創造物語に基づいて人間の性質を解説している。これは、『共同体の規則』における「二つの霊の教え」についても当てはまる。

ペシェル注解は明らかに宗派的であるが、その解釈手法の多くは、当時の他のユダヤ教文書の中に広く見られるものだった。聖書の再話という現象は、非常に広く普及しており、宗派に特有のものでは決してなかった。死海文書はここでも、いくつかの独特の特徴を持っているが、紀元前後に存在していた「一般のユダヤ教」に光を当ててもいる。

文献案内

新約聖書を含めた聖書への死海文書の取り入れに関する包括的な研究は、James C. VanderKam, *The Dead Sea Scrolls and the Bible*（Grand Rapids, MI: Eerdmans, 2011）に見られる。

ヘブライ語聖書の本文批評学にとって死海文書が持つ重要性については、Emanuel Tov, *Textual Criticism of the Hebrew Bible*（Minneapolis: Fortress, 1992）, Ronald S. Hendel, “Assessing the Text-Critical

Theories of the Hebrew Bible after Qumran," in Lim and Collins, eds., *The Oxford Handbook of the Dead Sea Scrolls*, 28-302 を参照。

聖書の再話という現象については、Sidnie White Crawford, *Rewriting Scripture in Second Temple Times* (Grand Rapids, MI: Eerdmans, 2008), Molly M. Zahn, "Rewritten Scriptures," in Lim and Collins, eds., *The Oxford Handbook of the Dead Sea Scrolls*, 323-36 を参照。

聖書正典の形成にとっての死海文書の重要性については、Timothy H. Lim, "Authoritative Scriptures and the Dead Sea Scrolls," in *The Oxford Handbook of the Dead Sea Scrolls*, 303-22 を参照。

死海文書における聖書解釈については、Moshe Bernstein, "The Contribution of the Qumran Discoveries to the History of Early Biblical Interpretation," in Hindy Najman and Judith H. Newman, eds., *The Idea of Biblical Interpretation: Essays in Honor of James L. Kugel* (Leiden: Brill, 2004), 215-38 を参照。

第七章　死海文書をめぐる戦い

死海文書の公刊は、一九六〇年以降、雫の滴りのようにその速度が遅くなった。この時までに、編集チームの何人かのメンバーは分散し、クロスやストラグネルなど幾人かは多忙な教授職に就いていた。一九七二年になると、焦りの兆候が現れ始める。オックスフォード大学のユダヤ学教授ゲザ・ヴェルメシの要請を受けて、オックスフォード大学出版局は編集チームのメンバーに公刊の予定表の提出を求めた。クロス、ストラグネル、スキーハンのみがこれに応じ、三人全員が一九七六年までに割り当てられた資料を提出すると約束した。約束は果たされなかったが、これは全員が誠意をもって作業しなかったというわけではなかった。最初の発見から三〇周年の一九七七年、ヴェルメシが次のように述べたことは有名である。「直ちに抜本的な対策が講じられなければ、最も重要で最も価値あるすべてのヘブライ語とアラム語の写本の発見は、二〇世紀最大の学術スキャンダルになる可能性がある[1]」。

この時までにドゥ・ヴォーは他界しており、編集長は、この任に不向きであった温和な新約聖書学者ピエール・ベノワ司祭に交代した。彼は死去する二年前の一九八五年に退任する。この時、彼に代わって就任したのがジョン・ストラグネルであった。わずか五年しか続かなかったストラグネルの編集長の任期は、死海文書の「伝記」の中で、最も波乱の時代であった。

ジョン・ストラグネル

ストラグネルは、一九五四年に編集チームの最年少メンバーとなったときには弱冠二四歳で、神童のようであった。彼は古代語の能力に秀でており、断片的なテクストを解読したことでミリクに次ぐ第二の人物と評された。彼は最初に一九六〇年から一九六七年までデューク大学で、その後ハーバード大学で教授として華麗な経歴を積み、二〇世紀後半に「第二神殿時代のユダヤ教」へと姿を変えることになる新興の「(旧約新約聖書の)中間時代の文学」分野の指導者たちの多くをそこで育てた。しかしながら、彼は(車の運転などの)生活の実践的な事柄に不得手であった。彼の演説は優雅だったが、身なりはしばしば乱れていた。彼はその驚異的な学識にもかかわらず、一冊として著書を残さなかった。彼が著書を出版したがらなかったのは、主に完璧主義によるものだった。一九八五年以前の彼の最も長い出版物は、一九六八年にアレグロによって出版された第四洞穴出土の断片群の巻である『ユダ荒野での諸発見(*Discoveries in the Judaean Desert*)』第五巻に対する痛烈な書評であった。書評は一〇〇頁以上にわたるものだった。既に一九七〇年代初めまでに、ストラグネルがアルコール依存症を伴う躁鬱病を患っていたことは明らかだった。彼の状態は、一九七四年の離婚後、更に悪化した。

従って、彼が一九八五年に困難なプロジェクトの編集長を務めることは、意表を突く人選だったように見えるかもしれない。しかしイスラエル考古学庁が、死海文書発見の当初から携わっていた編集者たち以外の人物を望まなかったとすれば、選択肢は限られていた。フランク・ムーア・クロスは、ハーバード大学のヘブライ語やその他のセム語の教授として非常に優れた経歴を持ち、一〇〇を超える博士論文を指導していたが、この仕事に就くことを望まなかった。この時までに司祭職を辞して結婚していたJ・T・ミリクもアルコール依存症に苦しんでおり、状態はおそらくストラグネルよりも悪かった（ミリクは彼の八歳年上だった）。ストラグネルがどんな問題を抱えていようとも、彼は死海文書についてよく知っていた。それにもかかわらず、彼は自分自身が出版できないことから見て分かるように、死海文書の公刊を促進できる人物ではなかった。

しかしながら、彼は尽力した。イスラエル人の学者を編集作業に加わるよう最初に招いたのは彼であった。エリシャ・キムロンとの共同作業は、一九八四年に4QMMTの重要な発表につながり、これは死海文書研究に革命をもたらした（彼は既に一九七九年にキムロンの協力を取り付けていた）。この作業に参加した他のユダヤ人学者には、ハイファ大学のデボラ・ディマント、バルチモア・ヘブライ大学のヨセフ・バウムガルテン、そして最終的には編集者となるエマヌエル・トーヴが含まれていた（ユダヤ人以外の学者たち、特に一九八九年にはジェームス・ヴァンダーカムもチームに加えられた）。ストラグネルの在任期間中に刊行された『ユダ荒野での諸発見』は一巻のみだった（彼の前任者の在任期間はこれよりはるかに長かったが、その間に刊行されたのは、わずか二巻だった）。しかし彼が編集チームを適度に拡大したことは、最終的に実を結ぶことになる。

皮肉なことに、死海文書研究へのストラグネルの大きな貢献の一つであった4QMMTの発表は、彼の在任期間の終わりに激動を招いた要因の一つであった。この発表以前、最も重要なテクストのほぼすべては既に公刊されているものと信じられていた。しかし今や、そうではないことが明らかになり、学界、そしてメディアも、文書集成の残り部分の公刊を強く求めるようになった。

事態の進展を意図し、事実そのようになった一九八〇年代の別の事情も、大衆の不満を増し加えるものだった。クロスとストラグネルは、ハーバード大学の大学院生たちに未公刊の資料を博士論文の題材として割り当て始めたのである（こうした事情は、著者自身のハーバード大学での学生時代よりはるか後になって生じた。一九六九―七二年にストラグネルと一緒に勉強したときには、死海文書についてのコースすら存在しなかった）。これらの学生たちは素晴らしい仕事をし、何人かはこの分野での一流の学者になった（キャロル・ニューサム、アイリーン・シューラー、シドニー・ホワイト・クロフォードなど）。他の研究機関から来た数人の非常に若い学者たちもテクストの編集を任された。このことはテクストの公刊を前進させたが、それと共に、ゲザ・ヴェルメシのような年長で、尊敬を集める学者たちの間だけでなく、ノーマン・ゴルブやロバート・アイゼンマンのような自分たちの見解が学界で尊重されていないと欲求不満を募らせていた学者たちの間でも憤慨を引き起こした。

一九八九年、アイゼンマンと、著名であるが物議をかもす英国人学者のフィリップ・デイヴィスは、特定の巻物を見られるようストラグネルに大々的な要求を送った。その要求は却下され、その却下も大々的に公表された。『聖書考古学レビュー（*Biblical Archaeology Review* = *BAR*）』の編集者であるハーシェル・シャンクスは、死海文書の公開を求めるしつこいキャンペーンのために、定期的に雑誌の紙面を費やした。ストラグネルは防御的になる。彼はABCのニュース番組でこう語った。「われわれはどうやら、迷惑千万な大量のノミに取り付かれたようだ」。シャンクスは、*BAR*の三／四月号の表紙にストラグネルの写真を載せて応戦する。写真を含む表紙は、大きなノミで覆われていた。

しかし、ある別のよく意図された動きが、意図しない結果をもたらす。一九八八年、一九五〇年代に編集された死海文書のコンコルダンスが三〇部ほど作成され、学者たちの仕事を促進するためにさまざまな学術機関に配布された。それらのうちの一つがシンシナティのヘブライ・ユニオン・カレッジにあった。当大学にてベン・ツィオン・ワホルダーの指導の下で博士号を取得していたマルティン・アベッグが、コンピュータを使用して、コンコルダンスからテクストの再構成に着手したのである。一九九一年九月、再構成されたテクストの第一分冊がシャンクスの聖書考古学協会から出版された。この行動の倫理性について、『ニューヨークタイムズ』と『ワシントンポスト』で議論された。公式な編集者の立場からすると、これは盗難行為であった。それに対してシャンクスは、テクストは公衆のものというのが正論であると応じた。論説委員たちは、後者の論理を受け入れる傾向にあった。

この時には、ストラグネルの編集長としての在任期間は終わりに近づいていた。一九九〇年一〇月、エマヌエル・トーヴが編集長補佐を務めることになり、ユージーン・ウルリックが聖書写本の共同編集者に任命されたが、批判は静まらなかった。死海文書は依然として厳格な編集管理下にあったのである。しかしながら、一九九〇年一一月、彼がイスラエル人ジャーナリストのアヴィ・カッツマンから受けたインタビューが新聞『ハーアレツ』(一九九〇年一一月九日)に発表されると、ストラグネルの立場は擁護できるものではなくなった。その修正版は、*BAR*の一九九一年一/二月号に掲載された。このインタビューの中で、ストラグネルは自らを「反ユダヤ主義者」と宣言し、ユダヤ宗教について否定的な発言をする。ユダヤ教は、転向によって消滅したはずの「恐ろしい宗教」であったというのである。

ストラグネルは彼の神学において、常に古風な趣を持っていた(彼はかつて、イエスの昇天は、弟子たちが彼の上方への出立を見たのであるから、経験的に確立された事実であると論じている)。彼は、話題がベトナム戦争、フェミニズム、神学であっても、差別的であることに屈折した喜びを感じる人物だった。彼のリベラルな友人たちをからかうことを好み、彼らはふざけてそれに反応した。これらの事柄について、彼の話を誰も真剣に受け止めなかった。多くのキリスト教の学者たちは、イスラエルによるヨルダン川西岸の奪取に対して批判的だった。また教会当局が否定したにもかかわらず、多くのキリスト教の神学者たちは、不用意に自らそう名乗る者は稀であるが、明らかに今なお置換神学主義者、すなわちユダヤ教はキリスト教に置き換えられたと考えていた。しかしながら、このインタビューでの彼の声明は、彼の友人たちが予想していたものを超えていた。彼の躁鬱病およびアルコール依存症が要因の一つであることは間違いなく、彼はカッツマンに駆り立てられたのだった。一九九四年七/八月の *BAR* におけるシャンクスとの後日のインタビューの中で、彼は『ハーアレツ』のインタビューでの彼の意見形成についての責任を否定し、ユダヤ教に対する判断よりもむしろキリスト教の優越性に対する信念としての彼の立場を表明した。ストラグネルには、何人かのイスラエル人を含むユダヤ教徒の学生たちや若い学者たちとの助力や協力の確かな実績があった。ユダヤ人の学者を最初に編集チームに入れたのは彼だった。八五人の学者たちが、インタビューで表明された所感ではなく、人間としての資質を弁護する *BAR* への手紙に署名した。「われわれはこれらの発言を嫌悪すべきものと見なしているが、それらは彼が深刻な病気である時に行われたものであるというのがわれわれの理解である。彼の発言内容に彼の病気がどれほどの影響を及ぼしたのか分からない」。彼らは「古代ユダヤ教の研究に多大な貢献をした人に深く感謝しているままであった。署名者のうちの何人かはユダヤ人だった。

しかし、誰もが寛大ではなかった。ある著名な学者は、ストラグネルが「死海文書をホロコーストの血に浸した」と述べたと主張した。『ニューヨークタイムズ』紙の論説委員は、道徳的に優位な立場へと流れた。ストラグネルを編集長のポストから解任するという決定は明らかに、カッツマンとのインタビューよりも前になされていたが、解任は今や不可避であった。彼はエマヌエル・トーヴ、ユージーン・ウルリック、およびエミール・ピュエシュの三人と交代し、最終的には、トーヴが公刊作業の主な責任を引き受ける。ストラグネルはアメリカ帰国後に入院し、ハーバード大学から医療休暇を取得した。彼は主要テクスト（一九九四年まで世に出なかった4QMMTおよび『4Q教育』〔4QInstruction〕と呼ばれる長い知恵テクスト）の編集に多大な貢献をすることになる。しかし彼の経歴、そして健康はほとんど台無しとなった。

エマヌエル・トーヴ、そしてイスラエル人の若い夫婦ハナンとエステル・エシェルを含む多くのユダヤ教徒やイスラエル人の学者たちの大いなる功績は、彼らがこの失敗の後もストラグネルと友人のままであり続け、彼の状況に理解を示したことである。ストラグネルは彼らに対して親切で助けを惜しまなかったし、彼らは彼に真摯なままだった。ストラグネルは、インタビューで表明された所感に心からの嫌悪を示したかつての学生たちや友人たちから強い支持を受けた。ある妥当な理由からストラグネルは「知的反ユダヤ主義者」であると主張したハーシェル・シャンクスでさえ、彼のことを「キリスト教徒の紳士」と言うようになる。シャンクスは彼の人生を台無しにする主要な役割を果たしたにもかかわらず、彼はシャンクスと会い続け、この編集者がマサチューセッツのケンブリッジに来たときには食事を共にした。ストラグネルは確かに欠陥ある人物であったが、悪意ある人物ではなかった。それは彼の最も声高な中傷者たちについて言い得る以上のことである。彼は二〇〇七年に死去した。

ハンチントン図書館

死海文書の写真を閲覧したい人すべてが利用できるようにするという最終的な決定は、一連の奇妙な出来事の末に下された。カリフォルニアの慈善家エリザベス・ヘイ・ベクテルは死海文書の公刊に大きな財政的な貢献をした。その結果として、一九八〇年代初頭に、彼女は死海文書の写真ネガを二セット入手する。一つは、彼女が資金を出したクレアモントの古代聖書写本センター（ABMC）に預けられた。彼女はもう一つを、自分のためにとっておいた。しかし彼女はその後、ABMCの所長ジェームズ・A・サンダースと激しく仲たがいし、二つ目の写真ネガをルネサンス文学やイギリスとアメリカの歴史に特化した有名な機関であるハンチントン図書館に預けることにした。寄託の際、ベクテル夫人は自らの所有権を主張し、利用に制限を設けなかった。寄託が行われたのは一九八二年であった。死海文書は図書館の主たる関心から遠く離れており、そこではほとんど注意を引かなかった。

しかしながら、トーヴ、ウルリック、ピュエシュの三人が死海文書の責任を引き受けたとき、彼らは写真一式が自分たちの管轄外にあることに危惧を抱いた。一九九一年七月、ウルリックは、一九九〇年にハンチントンの司書になったウィリアム・モフェットに対し、当図書館に寄託されていた写真一式の返却を求める書簡をしたためた。(2) この要求は、意図したのとは反対の効果をもたらした。一九九一年九月二二日、モフェットは、死海文書の写真はハンチントンにおいて認められたあらゆる読者に利用可能であると発表した。この発表は、編集者たちとイスラエル考古学庁（ＩＡＡ）からの抗議をもって迎えられた。トーヴはこの司書に対して、彼には写真を公開しないという法的ならびに道徳的な義務があると書き、ＩＡＡの所長アミル・ドロリは、ハンチントンの行動は「倫理的ではない」と宣言した。しかしながら、報道機関は図書館の側に与し、『ニューヨークタイムズ』のウィリアム・セイファイアは、ＩＡＡ当局を「偏狭な奴ら」と呼んだ。一九九一年一〇月二七日、ＩＡＡは抵抗を止め、死海文書の利用に関するあらゆる制限を解除した。

アイゼンマン／ワイズ事件

しかしながら、制限が解除されても、すべての論争が終結したわけではなかった。約一年後、ロバート・アイゼンマンとマイケル・ワイズは、『覆いを取られた死海文書――三五年以上にわたり保留されていた五〇の主要文書の初めての完全な翻訳と解釈』（*The Dead Sea Scrolls Uncovered. The First Complete Translation and Interpretation of 50 Key Documents Withheld for Over 35 Years* [Rockport, MA: Element, 1992]）と題する著書を出版した。死海文書の公開を求める運動において目立つ存在となったアイゼンマンは、この著書の序論において次のように書いている。「結果として、残りの未公刊の死海文書の写真が利用できるようになった。それらは一九八九年九月に手元に届き始めた。未公刊の文書集成やその他のほぼすべての写真が、最初は小さな荷物で、その後は何度となく、一年後の一九九〇年秋まで手元に届けられた」。これらの写真の出所は決して明らかにされなかった。

アイゼンマンはこの素材を使って二つの行動を起こした。一つは、すべての未公刊の写真のファクシミリ版を用意した。これは当初、ライデンのE・J・ブリル社から出版されることになっていたが、一九九一年四月に予定されていた出版の一〇日前に、ブリル社はプロジェクトから撤退した。そこでハーシェル・シャンクスが援助する。一九九一年一一月、全二巻のファクシミリ版が聖書考古学協会から出版された。死海文書の利用制限はこの時には既に解除されていたが、ファクシミリ版によって、写真の利用が難しかった学者たちは、それらを即座に利用できるようになった。これはアイゼンマンとジェームズ・M・ロビンソンの名で出版された。ロビンソンは、数年前にナグ・ハマディ出土のコプト語テクストで同じような独占状態の打破において顕著な役割を演じたが、死海文書には一度も取り組んだことのない壮年の新約聖書学者であった。序論では、この版が決して決定的なものではないことが強調された。本編は解説のない写真集になっており、編集者たちは断片が写真にまとめられている方法について、出典も文責も記していない。写真の大部分は、発見後の間もない時期に遡るものであると述べられており、その後の公式編集者たちによる研究を反映していなかった。アイゼンマンとロビンソンは、自分たちは写真の出所について内々にも関知していないとし、それらが自分たち自身の研究機関であるロングビーチのカリフォルニア州立大学、クレアモント大学院の古代及びキリスト教研究所ならびにその姉妹機関であるクレアモントの古代聖書写本センターからのものではないと記すことで了とした。また彼らは、それらがハンチントン図書館からのものでもないと付け加えた。

アイゼンマンはまた、選ばれたいくつかのテクストの校訂版に取り組むことにした。彼自身は碑文や写本を扱う能力がないと自覚していたため、当時シカゴ大学の助教授であったマイケル・ワイズの助力を得た。ワイズはノーマン・ゴルブの学生であり、弟子であった。ワイズは明らかにさまざまな点でゴルブに相談していたものの、ゴルブはこのプロジェクトに直接は関与していなかった。『覆いを取られた死海文書』の序論によると、二つのチームがすぐに働き始めた。一つはロングビーチのカリフォルニア州立大学のアイゼンマン教授、もう一つはシカゴ大学のワイズ教授によるものであった。彼らの目的は、時間がかかっても、あらゆるもの——すべての個々の写真——を抜かりなく、他人のどんな研究にも依存せずに調べることであった。すべてではないにしても、大半の翻字がシカゴ大学のワイズのグループによって完成された。実際のところ、論争の的となっている「神の子」のテクストである4Q246のような、この著書に含まれていたいくつかのテクストは、既に一部公刊されていた。ハラハー的な文書4QMMT（本書の第四章参照）については、ストラグネルとキムロンによる再構成が、ポーランド人学者のズジスワフ・J・カペラによって、雑誌『クムラン・クロニクル』（*The Qumran Chronicle*）に掲載されたが、一九九一年三月のマドリードでの国際学会において非難を受けた後、その頒布が停止されていた。その他のテクストは、それらが割り当てられていた学者たちが行った講演内容をまとめたものであった。『覆いを取られた死海文書』におけるテクストの判読と翻訳はやや急いで行われたもので、後で修正されることも多いが、それまで議論されてこなかったいくつかの興味深いテクストに学者たちの注意を引き付けた。

　この著書は、いくつかの理由で物議をかもした。序論ではアイゼンマンの見解が披露されたが、これはワイズと共有されていたものではなく、死海文書は「パレスチナにおけるキリスト教の実像」――暴力的、好戦的、メシア的な運動――を呈しているとされた（本書のドイツ語訳は『イエスと初期キリスト教』と題された）。これが暗示していたのは、テクストがキリスト教を平和的な運動とする伝統的な見解、そしてまたテクストはエッセネ派に帰されるという「公式の」学術的な見解を根底から覆すがゆえに、発表が「差し控えられていた」ということである。しかしながら、最も物議をかもした側面は、これらのテクストを、それらが割り当てられた編集者たちの許可なしに公刊することそのものの倫理に関わる点だった。より具体的には、ワイズとアイゼンマンは、配布資料あるいは4QMMTの場合には海賊版の形で利用できたそれらの編集者たちの仕事を利用し、事実上、それらを盗用したとして何人かの学者たちが非難の声を上げたのである。

　ワイズ／アイゼンマンの著書は、ニューヨーク科学アカデミーとシカゴ大学・東洋研究所による主催で血液センターにおいて開催された、ニューヨークでの大規模な国際学会の数週間前に出版された。この学会は、マイケル・ワイズらの支援を得て、ノーマン・ゴルブによって企画された[3]。スケジュールには、学術テクストの出版の倫理に関するパネルディスカッションがあった。ゴルブは、このパネルは一九九一年に至る公式の編集チームによる死海文書の「ため込み」を厳しく非難するものになると想像していた。しかしながら、議論の中心となったのはワイズ／アイゼンマンの著書であった。公式の編集チームのメンバーを含む一九人の学者グループは、この新しい著書を非難する書簡を新聞に掲載した。トーヴとウルリックを含む何人かの著名な学者たちは、学会への参加を拒否した。倫理パネルディスカッションでは、ローレンス・シフマンがワイズとアイゼンマンに対して猛烈な批判を行った。シフマンが主張するに、彼が批判するのは、彼らが他人に割り当てられたテクストを出版したという事実によるものではない。むしろ批判の中核は、「著書の作成に用いられた研究を行った学者たちすべての出典が十分に付されていない」という点にあった。[4]彼は、いくつかの場合において「著者たちは、学会で配られた配布資料に拠っていたが、当該テクストの初版を彼ら自身が生み出したように演じるため、それらの存在を読者から隠そうとしているように見える」と非難した。彼は三つの例を挙げたが、最も重要なのは4QMMTで、著者たちはある箇所においてジョン・ストラグネルの手書きを誤読していた。ノーマン・ゴルブは、ワイズとアイゼンマンに対する「この抑制を欠いた攻撃」に応えて、批判の動機を問題とした。「文書の署名者たちは、……他の者たちによってクムラン文書が出版されることには反対しないと主張しておきながら、クムランの起源についての見解が彼ら自身の見解とは根本的に異なる人々による出版をまさに阻止しようとしている」[5]。ゴルブは自らの指導の下、ワイズや大学院生たちが単独で写真を研究したという事実についての彼の個人的な証明書を提示した（シフマンは、彼らが独自の研究を行ったことを否定しなかったが、彼らが他の学者たちの研究をそのように十分に認めることなく用いてもいたと主張した)。ワイズの指摘では、4QMMTの新しい版は、ストラグネル・キムロン版と数多くの点で異なり、実質的にこれを二つのテクストと見なしていた。彼はまた著書の副題(「二三五年以上にわたり保留されていた文書」)が出版社から強いられたものだったと語った。まさに血で血を洗う白熱した議論が続いた(「血液センター」という学会の会場となった建物の名前は皮肉が効いていた)。パネル終了後、何人かの学者たちが対立を解消するためにワイズと会った。学会終了後、ワイズは、彼を批判する者たちの立ち位置をより十分に理解するに至ったとの声明を発表した。「研究の一部が独立して行われた程度に関する序論が、予期していなかった印象を与えたことについて後悔している。私が責任を負う著書の特定部分の記述が不完全で、参照した研究を行った同僚たちへの恩義を十分に表現しなかったのは申し訳ない……更に悔やまれるのは、この著書の最終形態に適切な力を注がなかったことであり、それはあってはならないことだった」[6]。この発表に応じて、非難の公式声明に署名していた学者たちは、これを撤回した。

当該テクストに関しては、多くのより充実した版が数年後に現れたため(いくつかはエミール・ピュエシュによる)、ワイズ/アイゼンマンの著書の重要性は束の間であった。それにもかかわらず、この著書にはいくつかの興味深い読みが含まれており、まだなお参照に値する。何人かの学者たち、特にピュエシュはこれを盗作と見なし、これを引用することを拒んでいる。ワイズはシカゴ大学での任期を拒否されたが、その後、死海文書に関するいくつかの重要な研究書を著している[7]。

キムロン／シャンクス訴訟

ズジスワフ・カペラが4QMMTの複合テクストを出版したとき、彼はイスラエル考古学庁から訴訟になると脅された。彼は謝罪し、それ以上の頒布を控えた。しかしながら、ハーシェル・シャンクスが同じテクストをアイゼンマンとロビンソン編の『死海文書ファクシミリ版』（*Facsimile Edition of the Dead Sea Scrolls*）に付した出版社の序文の中で出版すると、エリシャ・キムロンがイスラエル裁判所に訴訟を起こした。シャンクスは序文の中で、翻字はストラグネルの仕事であり、解説は「同僚との」仕事であると認めたが、彼はキムロンの名前には言及しなかった。彼は後に、この省略の理由について、若く身分の不安定な学者に厳しい批判が及ぶのを望まなかったからであると主張したが、実際には誰もこれを信じないであろうと認めている(8)。アイゼンマンとロビンソンも訴訟に含まれたが、シャンクスが主たる責任を負った。

イスラエル裁判所は、この著書の三部がイスラエルに郵送されたとの理由から、事件の審理権を主張した。被告に対し、再構成されたテクストの頒布を禁じる差止命令が即座に出された。その結果、このテクストは『ファクシミリ版』の第二版から除外された。裁判は一九九三年二月に行われた。裁判所はキムロンを支持し、収入損失と精神的苦痛の補償として彼に計一〇万新イスラエル・シェケル（四万ドル以上）を裁定した（キムロンはその額の三、四倍を要求していた）。シャンクスは控訴したが、イスラエル最高裁判所はこの判決を支持した。シャンクスはキムロンの弁護費用と彼自身の弁護費用の両方を裁判所に支払わなければならず、裁判には一〇万ドルを超える費用を要した。

この訴訟はいくつかの点で注目に値する。古代のテクストを、現代の学者の個人的な所有物として主張することはできない。本案件は、テクストを再構成する際のキムロンの創造性の範囲をめぐるものであった。再構成が完全に正確であることが証明されれば、それは著作権によって保護されないであろう。しかし実際には、キムロンはテクストの解釈では重要な役割を果たしたものの、その再構成の段階ではきわめて小さな役割しか果たさなかったようである。死海文書の写真記録は、キムロンが登場するよりもはるか前の一九六一年までに、テクストが実質的に再構成されていたことを示している。キムロンは、彼が行った比較的小さな調整を二箇所ほど挙げただけだった。従って、この巻物を再構成した主たる功績は、訴訟に加わらなかったジョン・ストラグネルに帰されるべきであるように思われる。オランダのフローニンゲン大学とベルギーのルーヴェン大学で教えた死海文書の権威であるフロレンティーノ・ガルダ・マルティネスによる書評の中でこのことが指摘されると、キムロンは名誉毀損に対する謝罪を要求し、「この不正を正すために用い得るあらゆる法的手段」を利用すると脅したが、その後、これ以上何もしなかった。それにもかかわらず、一九九四年に出た『ユダ荒野での諸発見（*Discoveries in the Judaean Desert*）』第一〇巻における4QMMTの公式版は、イスラエル考古学庁の権利を毀損することなく、キムロンの名前のみで著作権が保護された。

イスラエル裁判所の判決は広く議論されてきており、それについての法的な意見は二分している。[9]アメリカの裁判所が同じ判決を下したとは考え難い。大半の学者たちは、この著書の編集や死海文書に関する講演で得られる潜在的な報酬が、キムロンに裁定された額に達することは滅多になく、彼が主張した額をはるかに下回ると証言できるだろう。シャンクスが権限のない4QMMTを出版したことは無料の宣伝と見なすことができるが、それよりも、訴訟好きであるというキムロンの評判は、彼のその後の経歴をはるかに大きく傷つけたと言えるかもしれない。

懲りることないシャンクスは、なおもう一度キムロンに喧嘩を売る。一九九四年に4QMMTが公式に出版された後、シャンクスはオックスフォード大学出版局にテクストと翻訳を『聖書考古学レビュー』に複製することの許可を求め、取得した。キムロンは、法廷で軽蔑されたと脅迫し、オックスフォード大学出版局に対してシャンクスに手紙を送るよう求め、テクスト再出版の許可申請は誠意を欠くものであると抗議した。この場合にも、キムロンは最終的には、それ以上何もしなかった。

ラファエル・ゴルブ

死海文書に関してはまた別の訴訟があったが、これは実に奇妙なものである。二〇一〇年一一月一九日、『ニューヨークタイムズ』はA二四面にて、ノーマン・ゴルブの息子ラファエル・ゴルブが、ローレンス・シフマンになりすまして電子メールアカウントを開設し、シフマンが盗作を告白したとする虚偽のメッセージを大学職員に送ったとして、州最高裁判所で有罪判決を受けたと報じた。ニューヨークの不動産弁護士で五〇歳、ハーバード大学の博士号を持つゴルブは、電子メールは単なるパロディだったと述べたが、彼はシフマンが父ノーマンの仕事を盗用したと信じていると語った（シフマンと父ゴルブは、死海文書に関する大半の問題について異なる意見を持っていた）。ゴルブは他の学者たちの名前でも電子メールを送っていたとされ、時として匿名の電子メールで、死海文書の展示会において彼の父の見解が十分に反映されていないと苦情を訴えた（彼の父はブログや理事会メンバーへの手紙の中で、死海文書の博物館での展示に一貫して明確に批判的だった）。子ゴルブは、一九九二年にニューヨークの血液センターで行われた学会に出席しており、そこではシフマンがワイズとアイゼンマンの仕事を率先して批判していた。彼の動機は明らかにされていないが、自分の父親の見解を擁護し、その反対者と思しき人々を困惑させようとする思いから生じたように見える。本書の執筆時点において、彼は有罪判決を受けて上訴している。

争いの根底にあるもの

これらの争いを詳しく述べていると、二つの有名な諺が思い浮かぶ。一つはヘンリー・キッシンジャーの格言で、「学術論争は、問題が少ないがゆえに激しい」。もう一つは、フランス革命に対するエドマンド・バークの名言で、「革命を起こしたのは虚栄心である。自由は言い訳に過ぎない」。

学問的にも非学問的にも、最も激しい論争において多大な役割を果たしたのがエゴであることに疑いの余地はない。他の学者たちにテクストを利用させたがらない編集者たちは、自由な利用が無能なスクープ記者たちによるナンセンスの拡散につながると率直に信じていたとしても、自分たちの特権的な立場を守ろうとしていた。巻物の公開を最も声高に訴えた人々も、私欲から自由ではなかった。学問の世界では、何かを成し遂げることで名声や地位を得ることができた。学者たちは、たとえ達成の重要性が普遍的なものではないとしても、何かを公刊した最初の者であるという主張に価値を認める。白熱した議論は時として個人的な反感を引き起こし、それが最も激しい論争の一因となった。しかしながら、激烈な論争に関与したのは、いつでも少数の人々だけだったと言われるべきである。この分野の大半の学者たちは良い仲間関係を保ち、論争への欲求はごく限られていた。

いずれにせよ、死海文書の公開は明らかに歓迎されるべきことであった。公式の編集者たちは切迫した警告を行ったが、混乱は生じなかった。確かに、突拍子もない憶測が時にはあったが、思想界には、最終的にはもみ殻から小麦を分離する術がある。あらゆる出来事は、将来の発見がどのように扱わせるべきかを示す教訓として役立ち得る。資料が割り当てられた編集者の特権は、無制限には引き延ばせない。学問の最大の貢献は、生み出すのに一生を費やすかもしれない決定版と考えられるものを待たせるよりも、暫定的な形でも資料を速やかに利用できるようにすることである。

死海文書が、エジプトのナグ・ハマディ出土のコプト語写本などの他の重要な発見よりも大衆の関心を得た理由は、それらが西洋世界の歴史において非常に重要な時代と場所に由来するという事実による。イエス時代のユダヤからの主要な文書として、死海文書はキリスト教が生まれた文脈を知る機会を提供する。より直接的には、エルサレムの崩壊やラビ運動の出現以前のユダヤ教がどのようであったかについて、これまでに例のない見解をもたらす。あらゆる考古学的な発見と同じく、後の権力者たちによって編集されていない原資料を提供し、その結果として、教会やシナゴーグがその公的な系譜を構築する以前に、物事が実際にはどのようであったかについて知る手がかりを提示する。新たな発見は、公式の説明に疑問を呈し、宗教的な権力者たちの権威を弱める可能性を秘めていることから、ユダヤ教とキリスト教のいずれにとっても危険性は相当なものである。

その可能性を利用し、伝統的なキリスト教の、また程度は下がるが伝統的なユダヤ教の信憑性に反する証拠として死海文書を用いようとする試みがいくつかなされてきた。これらの試みの中で最も広く知られているのは、イギリス人作家マイケル・ベイジェントとリチャード・リーによるものであり、彼らは一九九一年の著書『偽りの死海文書』〔*The Dead Sea Scrolls Deception*〔邦訳『死海文書の謎』高尾利数訳、柏書房、一九九五年〕〕の中で、真実を隠蔽しようとするバチカンの陰謀をほのめかした。彼らが取り入れたのはロバート・アイゼンマンの見解である。彼によれば、死海文書は紀元後一世紀のイエス運動を含むメシア的ユダヤ教の代表であり、その運動は福音書に描かれているのとは大きく異なっていた。それは平和愛からかけ離れた、外国人を嫌悪する武装派であった。アイゼンマンの見解は、近東考古学を題材とする別の人気作家ニール・アッシャー・シルバーマンによる一九九四年の著書『隠された死海文書』（*The Hidden Scrolls*）の中でも支持された。ベイジェントとリーもシルバーマンもこれらの資料に長けた学者ではなく、彼らの判断は学界のそれとは全く異なっていた。ほぼすべての学者たちは、アイゼンマンによる死海文書の読み方を少しも説得力のあるものとは考えなかった（定評ある学者たちの中で、噂されている「バチカンの陰謀」を信用する者もいない）。しかしアイゼンマンの仕事は注目を集めた。なぜなら、それは受け継がれた伝統と新たな発見との間の対立を劇的に表現し、多くの人々を考古学の魅力に引き込んだからである。彼の正しさが証明されたならば、それはユダヤ教とキリスト教の大いなる宗教的な伝統が、それらの起源についての虚偽の表現に基づいていたことを示すことになった。この可能性は、世間の注目を集めようとする作家には明らかに魅力的であった。ずっと信じていたものが真実であると分かったことを示した本では売れないのである。

しかし、良くも悪くも、死海文書はこのような劇的な方法でユダヤ教もキリスト教も覆すことはなく、むしろ初期キリスト教のいくつかの考え（例えば、メシアは神の子と見なされ得たということ）が前例のないものではなかったことを示している。何人かの学者たちはこのことを密かに擁護してきたが、実際、学者たちは常に、初期キリスト教徒がユダヤ教などの考えをさまざまな方法で適用したことを知っていた。当然のことながら、死海文書がある特定の宗教信仰を確証することはない。

それらが示すのは、ユダヤ教の特定の形式について、紀元前一世紀には既に十分な証拠があること、またヘブライ語聖書の伝統的なテクストが、紀元前後には他の形式のテクストも知られていたとしても、キリスト教以前の時代に遡ることである。しかしながら、ユダヤ教とキリスト教の双方が基盤とする神の啓示の基本的な主張は、歴史的な発見によってそれほど簡単には確証も棄却もされない。

死海文書は、ホダヨトないし『感謝の詩編』の宗教詩や、もちろん聖書テクストという議論の余地のある例外を別とすれば、偉大な文学ではない。それらは現代神学を変えるような偉大な新しい宗教的な洞察も含んではいない。集成の中核は、宗派的な文書で成り立っている。これらの文書は、アイゼンマンや彼の追随者たちが考えるほど外国人を嫌悪するものでも憎しみに満ちたものでもないが、世界から彼ら自身を切り離そうとした宗教的な過激派の見解を反映している。この運動が生き残れなかった理由、そしてその教義が主流のユダヤ教に取り入れられなかった理由は、それらがあまりに極端で、持続的な魅力を持たなかったことにある。

しかしながら、死海文書は歴史的にきわめて重要である。それらが発見される前は、マカバイ時代とミシュナ時代の間に、ユダヤ出土のヘブライ語ないしアラム語の文献はなかった。死海文書は、この時期のユダヤ教に関する知識を数え切れないほどの方法で埋めるのである。文書集成の多くは宗派的なイデオロギーが見られるものの、そこには当時の一般のユダヤ教を反映する多くの資料も含まれている。エッセネ派仮説をめぐる議論の多くは、一方で死海文書を周辺的で些細なものとして、または他方で主流派のユダヤ教の代表として見ようとする矛盾した欲求に支えられていた。周辺的か代表的かは、二者択一ではない。死海文書に反映されている宗派運動は、それが消滅し、後のユダヤ教伝統にはっきりとした影響を及ぼすことのない運動だったという点で周辺的なものであった。しかし、それは完全に孤立したものではなく、洞穴内で発見された文書はさまざまな形で当時のユダヤ教に光を当てる。

死海文書は、学者たちがこの四半世紀をかけて次第に認識してきたように、古代ユダヤ教の文書である。煽情主義者の主張をよそに、それらはキリスト教徒によるものではなく、ナザレのイエスや彼の信従者たちの直接の目撃者でもない。それにもかかわらず、それらはイエスが生き、最初期のキリスト教が形を取った文脈を照らし出している。死海文書は時として新約聖書における特定の思想との並行を示すことがあるが、より頻繁に提供するのは対照である。「義の教師」やイエスの道は、古代ユダヤ教の文脈における脇道であった。それはユダヤ教伝統がたどったかもしれない別の道であり、ユダヤ教聖典の別の解釈である。

すべての死海文書は今や、ついに陽の下にもたらされた。この文書集成の「伝記」は、まだなお「思春期」である。その初期は動乱の時代であったが、今後は成熟した学者たちによってもたらされる恩恵が望めるかもしれない。

著者たちが果たした役割に細心の注意が払われた「死海文書を解放するための戦い」の有益な記述は、Hershel Shanks, *Freeing the Dead Sea Scrolls and Other Adventures of an Archaeology Outsider* (New York: Continuum, 2010) と Geza Vermes, *The Story of the Scrolls. The Miraculous Discovery and True Significance of the Dead Sea Scrolls* (London: Penguin, 2010) に見られる。Neil Asher Silberman, *The Hidden Scrolls. Christianity, Judaism and the War for the Dead Sea Scrolls* (New York: Putnam, 1994) の記述には、ロバート・アイゼンマンの視点を無批判に受容し、死海文書に関する学識を欠いているという欠陥がある。

アイゼンマン／ワイズの著書『覆いを取られた死海文書 (*The Dead Sea Scrolls Uncovered*)』をめぐる議論は、M. O. Wise, N. Golb, J. J. Collins, and D. G. Pardee, eds., *Methods of Investigation of the Dead Sea Scrolls and the Khirbet Qumran Site. Present Realities and Future Prospects* (New York: New York Academy of Sciences, 1994), 455-97 に記録されている。

マイケル・ベイジェントとリチャード・リーの著書『偽りの死海文書』(*The Dead Sea Scrolls Deception* (London: Jonathan Cape, 1991)〔邦訳『死海文書の謎』高尾利数訳、柏書房、一九九五年〕) は魅力的に書かれているが、今では歴史的な好奇心の類である。

死海文書をめぐる論争についての可能な限りの客観的な記述は、James VanderKam and Peter Flint, *The Meaning of the Dead Sea Scrolls. Their Significance for Understanding the Bible, Judaism, Jesus, and Christianity* (San Francisco: HarperSanFrancisco, 2002), 381-403 に見られる。

注

第一章　死海文書の発見

（1）Frank Moore Cross, *The Ancient Library of Qumran and Modern Biblical Studies*（第三版 Sheffield: Sheffield Academic Press, 1995, 初版は Doubleday in 1958）, 38.

（2）Cross, *The Ancient Library of Qumran.* ハートムート・シュテーゲマンの著書 *Die Essener, Qumran, Johannes der Täufer und Jesus*（Freiburg im Breisgau: Herder, 1993）の英語訳のタイトル *The Library of Qumran. On the Essenes, Qumran, John the Baptist, and Jesus*（Grand Rapids, MI: Eerdmans, 1998）と比較されたい。

（3）Stegemann, *The Library of Qumran*, 84.

（4）Emanuel Tov, *Scribal Practices and Approaches Reflected in the Texts Found in the Judean Desert*（STDJ 54; Leiden: Brill, 2004）, 261-88.

（5）K.-H. Rengstorff, *Hirbet Qumran and the Problem of the Dead Sea Cave Scrolls*（Leiden: Brill, 1963）.

（6）K. G. Kuhn, "Les rouleaux de cuivre de Qumrân," *Revue Biblique* 61（1954）: 193-205.

（7）J. T. Milik, *Ten Years of Discovery in the Wilderness of Judaea*（Studies in Biblical Theology 26; London: SCM, 1959）, 42-43. ドゥ・ヴォーによって申し立てられた意見については、Norman Golb, *Who Wrote the Dead Sea Scrolls? The Search for the Secret of Qumran*（New York: Scribner, 1995）, 121〔ノーマン・ゴルブ『死海文書は誰が書いたか？』前田啓子訳、翔泳社、一九九八年、一五六―五七頁〕を参照。

第二章　エッセネ派

（1）Weston W. Fields, *The Dead Sea Scrolls. A Full History* (Leiden: Brill, 2009), 58.

（2）Fields, *The Dead Sea Scrolls*, 87.

（3）Neil Asher Silberman, "Sukenik, Eleazar L.," in Lawrence H. Schiffman and James C. VanderKam, eds., *The Encyclopedia of the Dead Sea Scrolls* (New York: Oxford, 2000), 903.

（4）Robert Taylor, *The Diegesis, Being a Discovery of the Origin, Evidences, and Early History of Christianity* (Boston: Kneeland, 1834), 38.

（5）Isaak M. Jost, *Geschichte des Judenthums und seiner Secten*, vol. 1 (Leipzig, 1857), 207-15, 英語訳 Christian D. Ginsburg, *The Essenes. Their History and Doctrines* (London: Routledge & Kegan Paul, 1955), 78 からの引用。

（6）Emil Schürer, *Geschichte des Jüdischen Volkes im Zeitalter Jesu Christi* (第三版 Leipzig: Hinrichs, 1898), 2.577〔E・シューラー『イエス・キリスト時代のユダヤ民族史Ⅳ』上村静／大庭昭博／小河陽訳、教文館、二〇一五年、三一二頁〕.

（7）I. Lévy, *La Légende de Pythagore de Grèce en Palestine* (Paris: Champion, 1927), 289.

（8）J. B. Lightfoot, *Saint Paul's Epistles to the Colossians and to Philemon* (第一一版 London and New York, 1892), 80-96, 347-417.

（9）M. Friedländer, "Les Esséniens," *Revue des Études Juives* 14 (1887): 184-216.

（10）Louis Ginzberg, *An Unknown Jewish Sect* (New York: Jewish Theological Seminary, 1970. 当初は著者によって、*Eine unbekannte jüdische Sekte* (New York, 1922) として私家版で公刊された。

（11） Roland de Vaux, *Archaeology and the Dead Sea Scrolls*（London: Oxford University Press for the British Academy, 1973）, 133.

（12） Chaim Rabin, *Qumran Studies*（Oxford: Oxford University Press, 1957）, 69.

（13） G. R. Driver, *The Judaean Scrolls. The Problem and a Solution*（Oxford: Blackwell, 1965）; Cecil Roth, *The Historical Background of the Dead Sea Scrolls*（New York: Philosophical Library, 1959）.

（14） Barbara Thiering, *Jesus and the Riddle of the Dead Sea Scrolls: Unlocking the Secrets of His Life Story*（San Francisco: Harper Collins, 1992）.

（15） Robert Eisenman in R. H. Eisenman and M. O. Wise, eds., *The Dead Sea Scrolls Uncovered. The First Complete Translation and Interpretation of 50 Key Documents Withheld for Over 35 Years*（Rockport, MA: Element, 1992）, 10. また Eisenman, *Maccabees, Zadokites, Christians and Qumran: A New Hypothesis of Qumran Origins*（Leiden: Brill, 1983）; Eisenman, *James The Brother of Jesus: The Key to Unlocking the Secrets of Early Christianity and the Dead Sea Scrolls*（New York: Viking, 1997）も参照。

（16） Saul Lieberman, "Discipline in the So-Called Dead Sea Manual of Discipline," *Journal of Biblical Literature* 73（1952）: 199-206.

（17） Frank Moore Cross, "The Early History of the Qumran Community," in David Noel Freedman and Jonas C. Greenfield, *New Directions in Biblical Archaeology*（Garden City, NY: Doubleday, 1969）, 68-69.

第三章　クムラン遺跡

（1） Roland de Vaux, *Archaeology and the Dead Sea Scrolls*（London: Oxford University Press, 1973）.

（2） Jean-Baptiste Humbert and Alain Chambon, *Fouilles de Khirbet Qumrân et de ʿAin Feshkha: Album de photographies, Répertoire du fonds photographique, Synthèse des notes de chantier du Père Roland de Vaux OP* (Fribourg: Éditions Universitaires, 1994); Stephen J. Pfann, *The Excavations of Khirbet Qumran and 'Ain Feshkha: Synthesis of Roland de Vaux's Field Notes* (Fribourg: University Press, 2003).

(3) Magen Broshi and Hanan Eshel, "How and Where Did the Qumranites Live?" in Donald W. Parry and Eugene Ulrich, eds., *The Provo International Conference on the Dead Sea Scrolls* (STDJ 30; Leiden: Brill, 1999), 266-73.

(4) Jodi Magness, *The Archaeology of Qumran and the Dead Sea Scrolls* (Grand Rapids, MI: Eerdmans, 2002), 65.

(5) De Vaux, *Archaeology*, 111-12.

(6) Magness, *The Archaeology of Qumran*, 175.

(7) Cross, *The Ancient Library*, 70 (1961 edition).

(8) Adolfo Roitman, ed., *A Day at Qumran. The Dead Sea Sect and its Scrolls* (Jerusalem: The Israel Museum, 1997).

(9) Pauline Donceel-Voûte, "Les ruines de Qumrân reinterprétées," *Archaeologia* 298 (1994): 28-35; Robert Donceel and Pauline Donceel-Voûte, "The Archaeology of Khirbet Qumran," in Michael O. Wise, Norman Golb, John J. Collins, and Dennis G. Pardee, eds., *Methods of Investigation of the Dead Sea Scrolls and the Khirbet Qumran Site: Present Realities and Future Prospects* (New York: New York Academy of Sciences, 1994), 1-38.

(10) Y. Hirschfeld, *Qumran in Context* (Peabody, MA: Hendrickson, 2004), 142.

(11) J. B. Humbert, "Reconsideration of the Archaeological Interpretation," in Jean-Baptiste Humbert and Jan

Gunneweg, eds., *Khirbet Qumrân et ʿAïn Feshkha II: Études d'anthropologie, de physique et de chimie. Studies of Anthropology, Physics and Chemistry* (Fribourg: Academic Press, 2003), 422.

(12) Magness, *The Archaeology of Qumran*, 90-100; "A Villa at Khirbet Qumran?" in Magness, *Debating Qumran: Collected Essays on Archaeology* (Leuven: Peeters, 2004), 17-39.

(13) Alan D. Crown and Lena Cansdale, "Qumran — Was it an Essene Settlement?" *Biblical Archaeological Review* 20 (1994): 24-37, 73-78.

(14) Yizhak Magen and Yuval Peleg, "Back to Qumran: Ten Years of Excavation and Research, 1993 to 2004," in Katharina Galor, Jean-Baptiste Humbert, and Jürgen Zangenberg, eds., *Qumran: The Site of the Dead Sea Scrolls: Archaeological Interpretations and Debates. Proceedings of a Conference Held at Brown University, November 17-19, 2002* (STDJ 57; Leiden: Brill, 2006), 55-113.

(15) De Vaux, *Archaeology*, 42.

(16) この点については、特にNorman Golb, *Who Wrote the Dead Sea Scrolls?* 39-40〔ゴルブ『死海文書は誰が書いたか?』五九―六二頁〕で論じられている。

(17) Robert Cargill, *Qumran Through Real Time. A Virtual Reconstruction of Qumran and the Dead Sea Scrolls* (Piscataway, NJ: Gorgias, 2009).

(18) Golb, *Who Wrote the Dead Sea Scrolls*, 34〔ゴルブ『死海文書は誰が書いたか?』五三頁〕.

(19) Yitzhar Hirschfeld, "A Settlement of Hermits above En Gedi," *Tel Aviv* 27 (2000): 1-35; David Amit and Jodi Magness, "Not a Settlement of Hermits. A Response to Y. Hirschfeld, "A Settlement of Hermits above En Gedi,"" *Tel Aviv* 27 (2000): 273-85.

第四章　死海文書とキリスト教

（1） Robert Eisenman in R. H. Eisenman and M. O. Wise, eds., *The Dead Sea Scrolls Uncovered. The First Complete Translation and Interpretation of 50 Key Documents Withheld for Over 35 Years*（Rock- port, MA: Element, 1992）, 10を参照。

（2） A. Dupont-Sommer, *Observations sur le Commentaire d'Habacuc découvert près de la Mer Morte*（Paris: Adrien-Maisonneuve, 1950）, 29, trans. Geza Vermes, *The Story of the Scrolls. The Miraculous Discovery and True Significance of the Dead Sea Scrolls*（London: Penguin, 2010）, 59. この講演は、『ル・モンド』一九五〇年五月二八・二九日、四頁で報道された。

（3） A. Dupont-Sommer, *The Dead Sea Scrolls: a Preliminary Survey*（Oxford: Blackwell, 1952）, 99-100, 彼の *Aperçus préliminaries sur les manuscripts de la mer Morte*（Paris: Maisonneuve, 1950）からの翻訳。

（4） Dupont-Sommer, *The Essene Writings from Qumran*（trans. G. Vermes; Gloucester, MA: Smith, 1973）. 361.

（5） E. Wilson, *The Dead Sea Scrolls, 1947-1969*（New York: Oxford, 1969）, 47-48〔E・ウィルスン『死海写本――発見と論争』桂田重利訳、みすず書房、一九七九年、四七頁〕.

（6） Wilson, *The Dead Sea Scrolls*, 98〔ウィルスン『死海写本』一〇三―四頁〕.

（7） Wilson, *The Dead Sea Scrolls*, 99〔ウィルスン『死海写本』一〇五頁〕.

（8） Michael Baigent and Richard Leigh, *The Dead Sea Scrolls Deception*（London: Jonathan Cape, 1991）, 46〔マイケル・ベイジェント／リチャード・リー『死海文書の謎』高尾利数訳、柏書房、一九九二年、八〇頁〕で引用されているアレグロのラジオ放送。

（9） Judith Anne Brown, *John Marco Allegro, The Maverick of the Dead Sea Scrolls*（Grand Rapids, MI: Eerdmans,

2005), 77 からのアレグロのラジオ放送の引用。

(10) *The Times*, March 26,1956, p. 11.

(11) Fields, *The Dead Sea Scrolls. A Full History*, 310 からの引用。

(12) Brown, *John Marco Allegro*, 185.

(13) Baigent and Leigh, *The Dead Sea Scrolls Deception*, 56.

(14) D. Barthélemy, O.R and J. T. Milik, *Qumran Cave 1* (DJD 1; Oxford: Clarendon, 1955), 108-17.

(15) Joseph A. Fitzmyer, "The Contribution of Qumran Aramaic to the Study of the New Testament," *NTS* 20 (1973-74): 382-407.

(16) É. Puech, "Fragment d'une apocalypse en Araméе (4Q246=ps Dan^{d}) et le 'Royaume de Dieu'" *Revue Biblique* 99 (1992): 98-131.

(17) Joseph A. Fitzmyer, *The One Who Is To Come* (Grand Rapids, MI: Eerdmans, 2007), 106-7.

(18) Joseph A. Fitzmyer, *The Gospel According to Luke I-IX* (AB 28; New York: Doubleday, 1981), 207.

(19) Israel Knohl, *The Messiah before Jesus* (Berkeley: University of California Press, 2000), 42.

(20) J. A. Fitzmyer, *Responses to 101 Questions on the Dead Sea Scrolls* (Mahwah, NJ: Paulist, 1992), 106.

(21) J. H. Charlesworth, "John the Baptizer and the Dead Sea Scrolls," in idem, ed., *The Bible and the Dead Sea Scrolls* (Waco: Baylor, 2006), 1-35（引用は三四頁）。

(22) Millar Burrows, *The Dead Sea Scrolls* (New York: Viking, 1955), 329〔ミラー・バロウズ『死海写本』新見宏/加納政弘訳、山本書店、一九六一年、三六六頁〕.

(23) Cross, *The Ancient Library of Qumran* (3rd ed.; Sheffield: Sheffield Academic Press, 1995), 144.

(24) Cross, *The Ancient Library of Qumran*, 145.

(25) R. E. Brown, "The Qumran Scrolls and the Johannine Gospel and Epistles," *Catholic Biblical Quarterly* 17 (1955): 403-19; 559-74.
(26) Cross, *The Ancient Library of Qumran*, 155.
(27) Cross, *The Ancient Library of Qumran*, 156.
(28) Eisenman, in *The Dead Sea Scrolls Uncovered* (Rockport, MA: Element, 1992), 10.
(29) Eisenman, in *The Dead Sea Scrolls Uncovered*.
(30) Barbara E. Thiering, *Jesus the Man: New Interpretation from the Dead Sea Scrolls*, reissued in paperback with foreword by Barbara Thiering (New York: Simon & Schuster, 2006)〔バーバラ・スィーリング『イエスのミステリー——死海文書で謎を解く』高尾利数訳、日本放送出版協会、一九九三年〕.

第五章　死海文書とユダヤ教

(1) この名は、キプロスのキティウムに由来し、西方から来た人々を指す。『マカバイ記一』では、アレクサンドロス大王がキッティームの王と呼ばれる。
(2) Dupont-Sommer, *The Dead Sea Scrolls*, 94.
(3) Plutarch, *On Isis and Osiris* 47, trans. J. Gwyn Griffiths, *Plutarch's DeIside et Osiride* (Cardiff: University of Wales, 1970), 46-47.〔プルタルコス『エジプト神イシスとオシリスの伝説について』柳沼重剛訳、岩波文庫、一九九六年、八九—九〇頁〕
(4) K. G. Kuhn, "Die Sektenschrift (1QS) und die iranische Religion," *Zeitschrift für Theologie und Kirche* 49 (1951): 296-316. クーンの経歴については、Gerhard Lindemann, "Theological Research about Judaism in Different Political Contexts: The Example of Karl Georg Kuhn," *Kirchliche Zeitgeschichte* 17 (2004): 339-

51、より最近には、Gert Jeremias, "Karl Georg Kuhn (1906-1976)," in Cilliers Breytenbach and Rudolf Hoppe, eds., *Neutestamentliche Wissenschaft nach 1945. Hauptvertreter der deutschsprachigen Exegese in der Darstellung ihrer Schüler* (Neukirchen-Vluyn: Neukirchener, 2008), 297-312を参照。更に、Gerd Theissen, *Neutestamentliche Wissenschaft vor und nach 1945: Karl Georg Kuhn und Günther Bornkamm* (Schriften der Philosophisch-historischen Klasse der Heidelberger Akademie der Wissenschaften 47; Heidelberg: Universitätsverlag Winter, 2009), 15-149. また、Jörg Frey, "Qumran Research and Biblical Scholarship in Germany," in Dimant, ed., *The Dead Sea Scrolls in Scholarly Perspective*, 529-64, 特に541-6も参照。

（5） K. G. Kuhn, "Die in Palästina gefundenen hebräischen Texte," *Zeitschrift für Theologie und Kirche* 47 (1950): 197.

（6） Cross, *The Ancient Library of Qumran*, 144.

（7） S. Leiberman, "The Discipline in the So-Called Dead Sea Manual of Discipline," *Journal of Biblical Literature* 72 (1952): 199-206.

（8） Lieberman, "Light on the Cave Scrolls from Rabbinic Sources," *Proceedings of the American Academy for Jewish Research* 20 (1951): 395-404.

（9） C. Rabin, *Qumran Studies* (Oxford: Oxford University Press, 1957), 69.

（10） W. H. Propp, B. Halpern, and D. N. Freedman, eds., *The Hebrew Bible and Its Interpreters* (Winona Lake, IN: Eisenbrauns, 1990), 167-87.

（11） L. Schiffman, *Reclaiming the Dead Sea Scrolls* (Philadelphia and Jerusalem: The Jewish Publication Society), 1994.

第六章　死海文書と聖書

（1）W. F. Albright, "New Light on Early Recensions of the Hebrew Bible," *BASOR* 140 (1955): 27-33.

（2）Cross, *The Ancient Library of Qumran*, 138-42.

（3）Emanuel Tov, "Groups of Biblical Texts Found at Qumran," in D. Dimant and L. H. Schiffman, eds., *Time to Prepare the Way in the Wilderness: Papers on the Qumran Scrolls* (STDJ 16; Leiden: Brill, 1995). 85-102.

（4）Emanuel Tov, ed., *The Texts from the Judaean Desert. Indices and an Introduction to the Discoveries in the Judaean Desert Series* (DJD 39: Oxford: Clarendon, 2002).

（5）B. Webster, "Chronological Index to the Texts from the Judaean Desert," in Tov, ed., *The Texts from the Judaean Desert*, 371-75.

（6）Emanuel Tov and Sidnie White, "Reworked Pentateuch," *DJD* 13:187-351.

（7）4QMMT の複合テクスト（C 10）。テクストは再構成されており、意見が分かれる箇所もあるが、ほぼ間違いなく正しい。

（8）J. A. Sanders, *The Psalms Scroll of Qumran Cave 11* (DJD 4; Oxford: Clarendon, 1965).

第七章　死海文書をめぐる戦い

（1）Geza Vermes, *The Dead Sea Scrolls: Qumran in Perspective* (London: Collins, 1977), 23-24.

（2）Hershel Shanks, *Freeing the Dead Sea Scrolls and Other Adventures of an Archaeology Outsider* (New York: Continuum, 2010), 158.

（3）本書の著者による関与はわずかであった。一九九一年に私がシカゴ大学に移ったときには、準備は既にかなり進行していた。私は講演要旨集の共同編集者として名を連ねたが、仕事はマイケル・

ワイズによって行われた。

（4）シフマンによる批評とその後の議論は M. O. Wise, N. Golb, J. J. Collins, and D. G. Pardee, eds., *Methods of Investigation of the Dead Sea Scrolls and the Khirbet Qumran Site. Present Realities and Future Prospects*（New York: New York Academy of Sciences, 1994）, 463-68 に見られる。

（5）Wise et al., *Methods of Investigation of the Dead Sea Scrolls*, 473.

（6）Wise et al., *Methods of Investigation of the Dead Sea Scrolls*, 496.

（7）特に、彼の著書 *The First Messiah. Investigating the Savior before Christ*（San Francisco: Harper-SanFrancisco, 1999）や彼の論文 "The Origins and History of the Teacher's Movement," in Lim and Collins, eds., *The Oxford Handbook of the Dead Sea Scrolls*, 92-122. また、Martin Abegg や Edward Cook との共著である死海文書の翻訳 *The Dead Sea Scrolls. A New Translation*（San Francisco: HarperSanFrancisco, 1996）も参照。

（8）Shanks, *Freeing the Dead Sea Scrolls*, 165.

（9）Hector L. MacQueen, "The Scrolls and the Legal Definition of Authorship," in Lim and Collins, eds., *The Oxford Handbook of the Dead Sea Scrolls*, 723-48; Timothy Lim, Hector L. MacQueen, and Calum M. Carmichael, eds., *On Scrolls, Artefacts and Intellectual Property*（Sheffield: Sheffield Academic Press, 2001）.

訳者あとがき

本書は、John. J. Collins, *The Dead Sea Scrolls: A Biography* (Lives of Great Religious Books), Princeton: Princeton University Press, 2013 の全訳である。

原著は、プリンストン大学出版局の叢書である Lives of Great Religious Books（『偉大なる宗教文書の生涯』）のうちの一冊として刊行されたものである。この叢書は、一般の読者を想定しつつ、古今東西の重要な宗教文書がどのように書かれ、どのように受容、解釈されたのか、またその文書が後世にどのような影響を与えたのか、複雑で魅力ある歴史を、その文書に通じた第一線の専門家が書き下ろしたものである。同シリーズには、既に日本語版が出ているB・ゴードン著『キリスト教綱要』物語——どのように書かれ、読まれてきたか』（出村彰訳、教文館、二〇一七年）の原著である Bruce Gordon, *John Calvin's Institutes of the Christian Religion: A Biography*, 2016 も含まれている。本書の表題は、この日本語版のタイトルに合わせて、『『死海文書』物語——どのように発見され、読まれてきたか』とした。

著者のジョン・J・コリンズ氏は、一九四六年、アイルランドのティペラリー州で生まれ、ダブリン大学カレッジにて修士号、ハーバード大学で博士号を取得し、ノートルダム大学、ハーバード大学、シカゴ大学などで教鞭を執った後、現在はイェール神学校の旧約聖書学の教授を務めている。彼はまた、ダブリン大学カレッジとチューリッヒ大学より名誉博士号を授与されている。更に、シカゴ聖書研究会会長（一九九五―九六年）、聖書文学協会会長（二〇〇二年）、そして聖書文学会ニューイングランドおよびカナダ東部地域会長（二〇〇八年）を務め、『ユダヤ教研究論集補遺集』（Journal for the Study of Judaism Supplement Series）、『死海での発見』（Dead Sea Discoveries）、『聖書文学論集』（Journal of Biblical Literature）といった学術誌の編集を歴任し、現在は、注解シリーズ『アンカー・イェール聖書』（Yale Anchor Bible）の総編集者を務めている。

彼の主な研究領域は、黙示思想、知恵文学、ヘレニズム・ユダヤ教、そして死海文書と多岐にわたり、それぞれの領域に関して、膨大な数の研究書を出版している。中でも比較的よく知られている著作としては、『アテネとエルサレムの間――ヘレニズム時代のディアスポラ・ユダヤ教のアイデンティティ』（*Between Athens and Jerusalem: Jewish Identity in the Hellenistic Diaspora*, New York 1983）、ヘルメネイア注解シリーズ『ダニエル書』（*Daniel, Hermeneia*, Minneapolis 1993）、『笏と星――死海文書と他の古代文学におけるメシア』（*The Scepter and the Star: The Messiahs of the Dead Sea Scrolls and Other Ancient Literature*, New York 1995）、『バベル後の聖書――ポストモダン時代の歴史的批評』（*The Bible after Babel: Historical Criticism in a Postmodern Age*, Grand Rapids 2005）などがある。その他にも、『黙示主義百科事典』全三巻（Encyclopedia of Apocalypticism）、『初期ユダヤ教事典』（The Eerdmans Dictionary of Early Judaism)、『死海文書ハンドブック』(The Oxford Handbook of the Dead Sea Scrolls) の共同編集者であり、死海文書の公刊編集にも携わった。

死海文書に関する研究書や論文を数多く執筆し、自らも公刊作業に携わったコリンズ氏は、本書の著者としてまさに適任であったと言えるだろう。死海文書の発見、文書の同定・公刊作業といった事務的な手続きに関する歴史的な経緯、死海文書が見つかった洞穴群とクムラン遺跡との関連性、死海文書が持つキリスト教、ユダヤ教、聖書との関わりについて、平易な言葉で、しかし充実した内容でまとめられている。折しも、二〇一八年から、ぷねうま舎より死海文書翻訳委員会の下、死海文書全文書の日本語訳の刊行が全十二巻の予定で始まっている。死海文書のテクストに直に触れ、その内容や思想をより良く知るためにも、本書は格好の入門書と言えよう。

本書の翻訳をお任せいただいた渡部満社長、編集の労を執ってくださった出版部の高木誠一氏、校正にご協力いただいた出版部の石澤麻希子氏、また渡部布由子さんに心より感謝したい。

二〇二〇年五月　札幌にて

山吉智久

《訳者紹介》
山吉智久（やまよし・ともひさ）
1978年，静岡県生まれ。1996年，静岡聖光学院卒業。2000年，立教大学卒業。2012年，テュービンゲン大学修了（Dr. theol.）。現在，北星学園大学准教授。
著書 Von der Auslösung zur Erlösung. Studien zur Wurzel *PDY* im Alten Orient und im Alten Testament（WMANT 134）, Neukirchen-Vluyn 2013.
訳書 G. フォン・ラート『古代イスラエルにおける聖戦』（教文館，2006年），E. ウュルトワイン『ATD旧約聖書註解 8　列王記〈上〉』（ATD・NTD聖書註解刊行会，2013年），同『ATD旧約聖書註解 9　列王記〈下〉』（同，2014年），A. ベルレユング／C. フレーフェル編『旧約新約 聖書神学事典』（教文館，2016年），D. スチュワート『旧約聖書の釈義——本文の読み方から説教まで』（教文館，2017年），J. C. マッカーン『現代聖書注解　士師記』（日本基督教団出版局，2018年），死海文書翻訳委員会訳『死海文書Ⅶ　聖書の再話 2』（共訳，ぷねうま舎，2019年）。

『死海文書』物語——どのように発見され、読まれてきたか

2020年5月30日　初版発行

訳　者　山吉智久
発行者　渡部　満
発行所　株式会社　教文館
〒104-0061 東京都中央区銀座4-5-1 電話 03(3561)5549 FAX 03(5250)5107
URL　http://www.kyobunkwan.co.jp/publishing/
印刷所　モリモト印刷株式会社

配給元　日キ販　〒162-0814　東京都新宿区新小川町9-1
電話 03(3260)5670　FAX 03(3260)5637

ISBN978-4-7642-6742-8　Printed in Japan

発見とその後の論争に関わる人々

アイゼンマン，ロバート（Eisenman, Robert）
「死海文書をめぐる戦い」において物議をかもした人物。死海文書は初期キリスト教運動の真正文書であると主張した。

アレグロ，ジョン・マルコ（Allegro, John Marco）
編集チームの型破りなメンバーで，死海文書がキリスト教の重要な要素を予見していたと主張した。

ウィルソン，エドモンド（Wilson, Edmund）
アメリカ人ジャーナリスト。1950年代に死海文書とキリスト教の関係についての論争を巻き起こした。

ヴェルメシ，ゲザ（Vermes, Geza）
長年にわたってオックスフォード大学教授を務める。1990年代まで編集チームから締め出されていた。死海文書の普及した翻訳の著者。

ウルリック，ユージーン・C（Ulrich, Eugene C.）
本文批評学者。1990年にストラグネルの後任に任命された三人のメンバーのうちの一人。

オールブライト，ウィリアム・フォックスウェル（Albright, William Foxwell）
20世紀半ばの聖書学と古代オリエント学における最有力人物。古文書学に基づいて死海文書の古さを立証した。

カンドー，ハリル・イスカンダル・シャヒン（Kando, Khalil Iskander Shahin）
ベツレヘムの靴職人。ベドウィンと死海文書の入手に興味を持った人々との間の主要な仲介者となった。

キムロン，エリシャ（Qimron, Elisha）
イスラエル人学者。4QMMTの共同編集者。後に著作権をめぐる訴訟を起こす。

クノール，イスラエル（Knohl, Israel）
イスラエル人学者。死海文書の中に，死から起こされ，天に上げられた「イエス以前のメシア」を発見したと主張した。

クロス，フランク・ムーア（Cross, Frank Moore）

編集チームの重要人物。古文書学や本文批評学の大家。死海文書について非常に影響力のある『クムランの古代図書館（*The Ancient Library of Qumran*）』の著者。後に長年にわたってハーバード大学教授を務める。

クーン，カール＝ゲオルク（Kuhn, Karl-Georg）

元ナチ党員。死海文書についての影響力ある学者となる。死海文書における二元論のゾロアスター教の背景を擁護した。

ゴルブ，ノーマン（Golb, Norman）

長年にわたってシカゴ大学教授を務める。エッセネ派仮説に対する猛烈な批判者。死海文書はエルサレムから運び込まれたと主張した。彼の息子ラファエルは，ライバル学者の評判を悪くしようとその人物になりすましたとして有罪判決を受けた。

サムエル，マル・アタナシウス（Samuel, Mar Athanasius）

エルサレムのシリア大主教。いくつかの巻物を入手し，それらをウォール・ストリート・ジャーナルで売りに出した。

シフマン，ローレンス（Schiffman, Lawrence）

死海文書のユダヤ教的な特徴についての影響力のある支持者。

シャンクス，ハーシェル（Shanks, Hershel）

『聖書考古学レビュー（*Biblical Archeology Review*）』の編集者。死海文書の公開を果たすための疲れ知らずの運動家。後に著作権侵害でキムロンに訴えられた。

スケニーク，エレアザル・リッパ（Sukenik, Eliezer Lippa）

死海文書を調査，検証した最初のイスラエル人学者。いくつかの最初期の調査についての著者。エッセネ派仮説の初期の支持者。

ストラグネル，ジョン（Strugnell, John）

編集チームの最年少メンバー。1985－90年には編集長。問題山積の状況の中で辞任に追い込まれた。

デュポン＝ソメール，アンドレ（Dupont-Sommer, André）

フランス人の教授。エッセネ派仮説の初期の擁護者。エッセネ派はさまざまな形でキリスト教を予見していたと信じた。

トーヴ，エマヌエル（Tov, Emanuel）

イスラエルの本文批評学者。1991年から死海文書の公刊の監修者。

ドゥ・ヴォー，ルナン司祭（De Vaux, Roland, O.P.）

エルサレムにおけるエコール・ビブリクのフランス人ドミニコ会司祭。クムランの発掘者。1971年の死去まで，死海文書の公刊を監修した。

トレヴァー，ジョン・C（Trever, John C.）
死海文書が発見されたときのアメリカ・オリエント研究所研究員。死海文書の最初の写真を撮った。
バロウズ，ミラー（Burrows, Millar）
イェール大学教授。1948年にはエルサレムにあるアメリカ・オリエント研究所所長。死海文書に関する最初の報道発表の著者。後に文書集成について影響力のある著述を残す。
ピュエシュ，エミール（Puech, Émile）
フランス人司祭。1991年以降の死海文書の公刊における主要人物。1990年にストラグネルの後任に任命された三人のメンバーのうちの一人。
ブラウンリー，ウィリアム・H（Brownlee, William H.）
最初の死海文書が持ち込まれたときのアメリカ・オリエント研究所研究員。後にクレアモント大学教授。
ベイジェント，マイケル（Baigent, Michael）／リチャード・リー（Richard Leigh）
煽情主義的なイギリスの作家。バチカンによって死海文書の重要性が隠蔽されていると主張した。
マグネス，ジョディ（Magness, Jodi）
20世紀後半から21世紀初頭にかけてのクムラン考古学の主たる権威。
ミリク，ヨゼフ・T（Milik, Jozef T.）
ポーランド人司祭。編集チームのメンバー。古代のテクストの解読に秀でていた。後に司祭職を退く。
ムハンマド・エド・ディーブ（Mohammed ed-Dib）
ベドウィン。死海文書の最初の発見者とされる。
ヤディン，イガエル（Yadin, Yigael）
スケニークの息子。考古学者，学者，軍人，政治家。シリア大主教によって売りに出されていた死海文書をイスラエルのために取得した。後に1967年の戦争後，カンドーから『神殿の巻物』を入手した。
ルナン，エルネスト（Renan, Ernst）
19世紀におけるフランスの知識人。キリスト教は生き残ったエッセネ主義であると述べた。
ワイズ，マイケル・O（Wise, Michael O.）
ロバート・アイゼンマンと共に，1992年に未公刊の死海文書についての曰く付きの版を出した共編者。後に「最初のメシア」としての「義の教師」について論争を巻き起こす研究を執筆した。

用語解説

アレクサンドロス・ヤンナイオス（Alexander Jannaeus）
　前103－76年の大祭司でユダヤの王。
アンティオコス・エピファネス（Antiochus Epiphanes）
　シリアの王。エルサレムでのユダヤ教祭儀を抑圧しようとする彼の試みは，マカバイの反乱（紀元前168－164年）をもたらした。
エッセネ派（Essenes）
　紀元前後のユダヤ教の宗派。死海文書に反映されている運動と考えられる。
エノク的ユダヤ教（Enochic Judaism）
　アダムから７代目に生きた族長エノクに帰される黙示文書の中で描かれている運動。おそらくは死海文書の中で描かれた運動の先駆者。
ガタス（Gathas）
　イランの預言者ゾロアスター（ツァラトゥストラ）の賛美。
古文書学（Paleography）
　古代の筆跡の研究。
サドカイ派（Sadducees）
　紀元前後の主要なユダヤ教派。死海文書の中の宗派法はいくつかの場合において，サドカイ派のそれと一致した。
宗規要覧（Manual of Discipline）
　第一洞穴で見つかった共同体の規則。1QS ないしセレク・ハ－トーラーとも呼ばれる。
終末論（Eschatology）
　歴史の終わり，個人の死とその後の両方に関わる終末の事柄についての議論。
神殿の巻物（Temple Scroll）
　1967年にイスラエルに買収された長い巻物。新たな啓示の中で『レビ記』と『申命記』のテクストを組み合わせる。
セレク（Serek）
　死海文書の中で『規則書』を表す特有の語。
ゾロアスター教（Zoroastrianism）

古代イランの宗教。光と闇の二つの相反する霊を前提とする。

戦いの巻物（War Scroll）

「光の子ら」と「闇の子ら」の間で繰り広げられる最後の戦いの指示書。

ダマスコ文書（Damascus Document）

1896年にカイロ・ゲニザで見つかったテクストで，その写本が死海文書の中から見つかった。新しい契約を形成した運動について描いている。

ナッシュ・パピルス（Nash Papyrus）

1898年に発見された四つのパピルス破片。十戒と「聞け，イスラエルよ」の冒頭が含まれる。紀元前150年から100年に年代付けられる。死海文書の発見以前に知られていた最も古いヘブライ語の写本断片。

ナバテア人（Nabateans）

古代に死海の南方ならびに東方にいた人々。

ハシディーム（Hasidim）

マカバイの反乱でユダ・マカバイを支えた敬虔な人々。おそらくエッセネ派やファリサイ派の先駆者。

ハスモン王朝（Hasmoneans）

マカバイ家の子孫による祭司王の王朝。

ハラハー（Halakah）

ファリサイ派やラビたちの宗教法を表す術語。

ヒルカノス二世（Hyrcanus II）

前76－67，63－40年の大祭司。

ファリサイ派（Pharisees）

紀元前後の主要なユダヤ教派。死海写本の中で反対者と見なされている。

フィロン（Philo）

紀元後１世紀初めのアレクサンドリアのユダヤ人哲学者。

プリニウス（Pliny）

ローマ人著述家。紀元後79年にベスビオ山の噴火で死亡。

プルタルコス（Plutarch）

紀元後46－120年のギリシア人著述家，哲学者。

ペシェル／ペシャリーム（Pesher/pesharim）

死海文書に見られる預言書や『詩編』についての独特な注解。

ヘロデ（Herod）

紀元前37－４年のユダヤの王。

ホダヨト（Hodayot）

感謝の詩編。

マソラ本文（Masoretic Text）

ヘブライ語聖書の伝統的なテクスト。

黙示録／黙示（apocalypse/apocalyptic）

天国や歴史の終わりについて扱う黙示文書。

ヨセフス（Josephus）

紀元後1世紀後半のユダヤ人歴史家。

ヨベル書（Jubilees）

『創世記』と『出エジプト記』の一部を敷衍したもの。建前としてはシナイにてモーセに明らかにされた。

LXX

七十人訳，あるいは聖書のギリシア語訳。トーラーが72人の書記官によって翻訳されたという伝説からそのように呼ばれた。

MT

マソラ本文。ヘブライ語聖書の伝統的なテクスト。

SP

サマリア五書。

1Q/ 4Q など

クムラン第一洞穴／第四洞穴で発見されたテクスト。

4QMMT

ミクツァト・マアセ・ハ－トーラー（Miqṣat Ma‘ase ha-Torah，トーラーのいくつかの業）。第四洞穴出土のテクスト。その宗派が他のユダヤ教から分離した理由を説明する。

文献表

原典翻訳

F. García Martínez, *The Dead Sea Scrolls Translated* (Leiden: Brill / Grand Rapids, MI: Eerdmans, 1996).

G. Vermes, *The Complete Dead Sea Scrolls in English* (London: Penguin, 2004).

M. Wise, M. Abegg, and E. Cook, *The Dead Sea Scrolls. A New Translation* (San Francisco: HarperSanFrancisco, 1996).

日本聖書学研究所編『死海文書――テクストの翻訳と解説』山本書店，1963年。

死海文書翻訳委員会訳『死海文書』(全12巻)，ぷねうま舎，2018年―。

概説書

L. H. Schiffman and J. C. VanderKam, eds., *Encyclopedia of the Dead Sea Scrolls* (2 vols.; Oxford: Oxford University Press, 2000).

P. W. Flint and J. C. VanderKam, eds., *The Dead Sea Scrolls after Fifty Years. A Comprehensive Assessment* (2 vols.; Leiden: Brill, 1998).

T. H. Lim and J. J. Collins, eds., *The Oxford Handbook of the Dead Sea Scrolls* (Oxford: Oxford University Press, 2010).

死海文書とメディア

M. L. Grossmann and C. M. Murphy, with the assistance of Allison Schofield, eds., *The Dead Sea Scrolls in the Popular Imagination, = Dead Sea Discoveries* 12/1 (2005). 特に，L. H. Schiffman, “Inverting Reality: The Dead Sea Scrolls in the Popular Media,” (pp. 24-37) と，G. J. Brooke, “The Scrolls in the British Media (1987-2002),” (pp. 38-51) を参照。

古代文献索引

ア行

カ行

サ行

タ行

ナ行

ハ行

マ行

ヤ行

ラ行

欧文

人名索引

ア行

カ行

サ行

タ行

ナ行

ハ行

マ行

ヤ行

ラ行

ワ行

地名索引

ア行

カ行

サ行

タ行

ナ行

ハ行

マ行

ヤ行

ラ行

事項索引

ナ行

ハ行

マ行

ラ行